光村の国語

広げる、まとめる、思考ツール ❸

アイデア、考え、図で整理

6年

光村教育図書

光村の国語

広げる、まとめる、思考ツール ③

アイデア、考え、図で整理

6年

目次《もくじ》

3 伝《つた》えたいことに合《あ》わせた構成《こうせい》を考《かんが》える

この本《ほん》の構成《こうせい》

●思考《しこう》ツールとは、アイデアや考《かんが》え、情報《じょうほう》などを目《め》に見《み》える形《かたち》で整理《せいり》し、まとめるための手段《しゅだん》です。この本《ほん》では、思考《しこう》ツールを、国語科《こくごか》などの学習《がくしゅう》の場面《ばめん》や日常生活《にちじょうせいかつ》の中《なか》で、実際《じっさい》に活用《かつよう》する例《れい》をしょうかいしています。

●本編《ほんぺん》は①、②、③の三《みっ》つで構成《こうせい》されています。それぞれのタイトルと見出《みだ》し（1、2、3……）は、＊光村図書《みつむらとしょ》の国語《こくご》教科書《きょうかしょ》と対応《たいおう》しています。

●本編《ほんぺん》①、②、③について

①、②、③それぞれの言語活動《げんごかつどう》を行《おこな》ううえで、思考《しこう》ツールを活用《かつよう》した実践例《じっせんれい》をしょうかいしています。

光村図書《みつむらとしょ》の国語教科書《こくごきょうかしょ》6年《ねん》の教材名《きょうざいめい》に対応《たいおう》しています。

ここで取《と》り上《あ》げる思考《しこう》ツールを示《しめ》しています。

活用《かつよう》する思考《しこう》ツールの名前《なまえ》を示《しめ》しています。

思考《しこう》ツールを活用《かつよう》する手順《てじゅん》を説明《せつめい》しています。

この言語活動《げんごかつどう》で活用《かつよう》する思考《しこう》ツールと，その目的《もくてき》を示《しめ》しています。

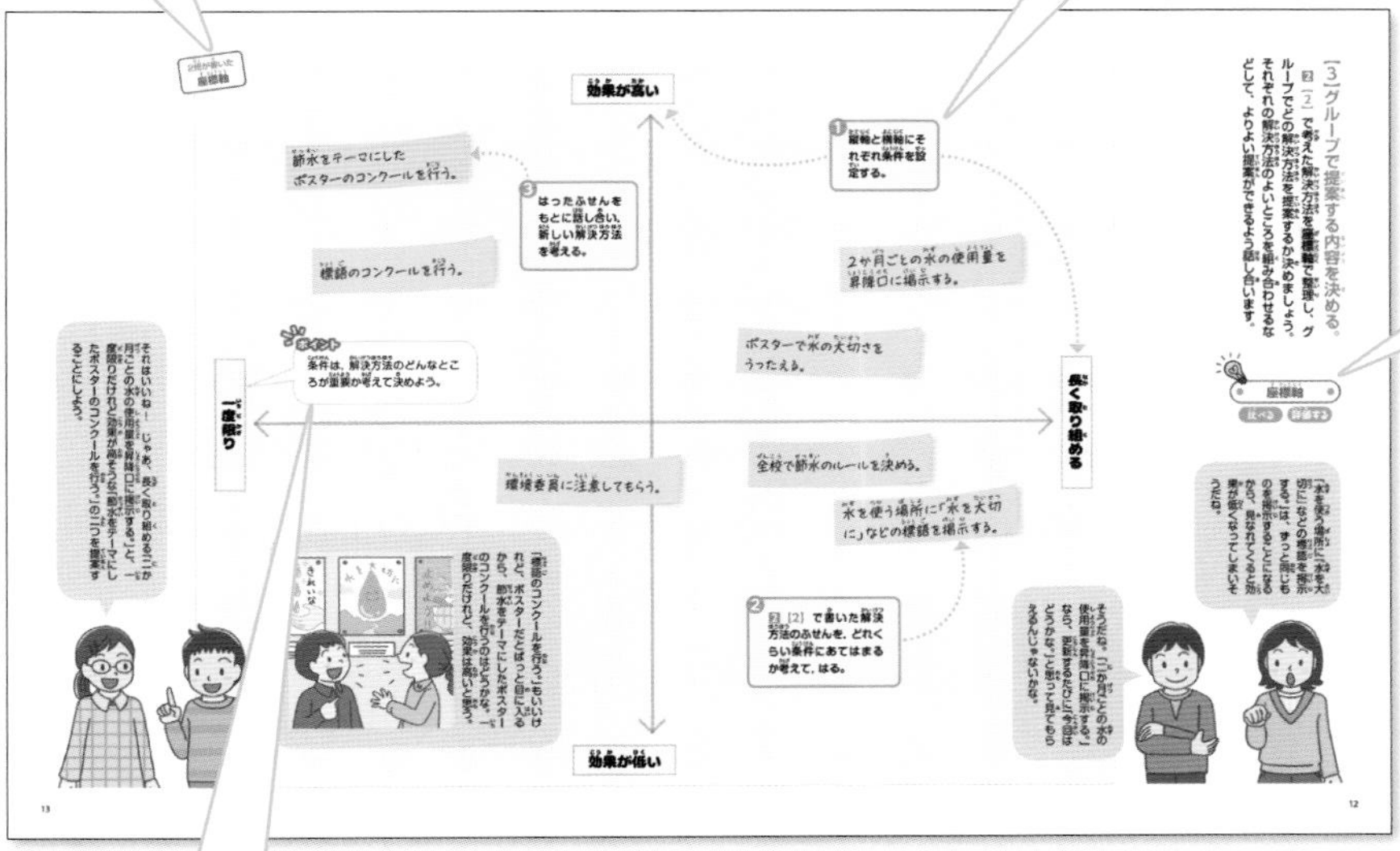

思考《しこう》ツールを活用《かつよう》するときのポイントを示《しめ》しています。

本文《ほんぶん》の中《なか》で(→○ページ)と示《しめ》してあるページは，内容《ないよう》についてよりくわしく説明《せつめい》しているページです。

＊令和《れいわ》2〜5年度用《ねんどよう》

●「ここでも使《つか》える！」について

本編《ほんぺん》①、②、③とは異《こと》なる言語活動《げんごかつどう》で、思考《しこう》ツールを使《つか》った例《れい》をしょうかいしています。

ここで活用《かつよう》する思考《しこう》ツールを示《しめ》しています。

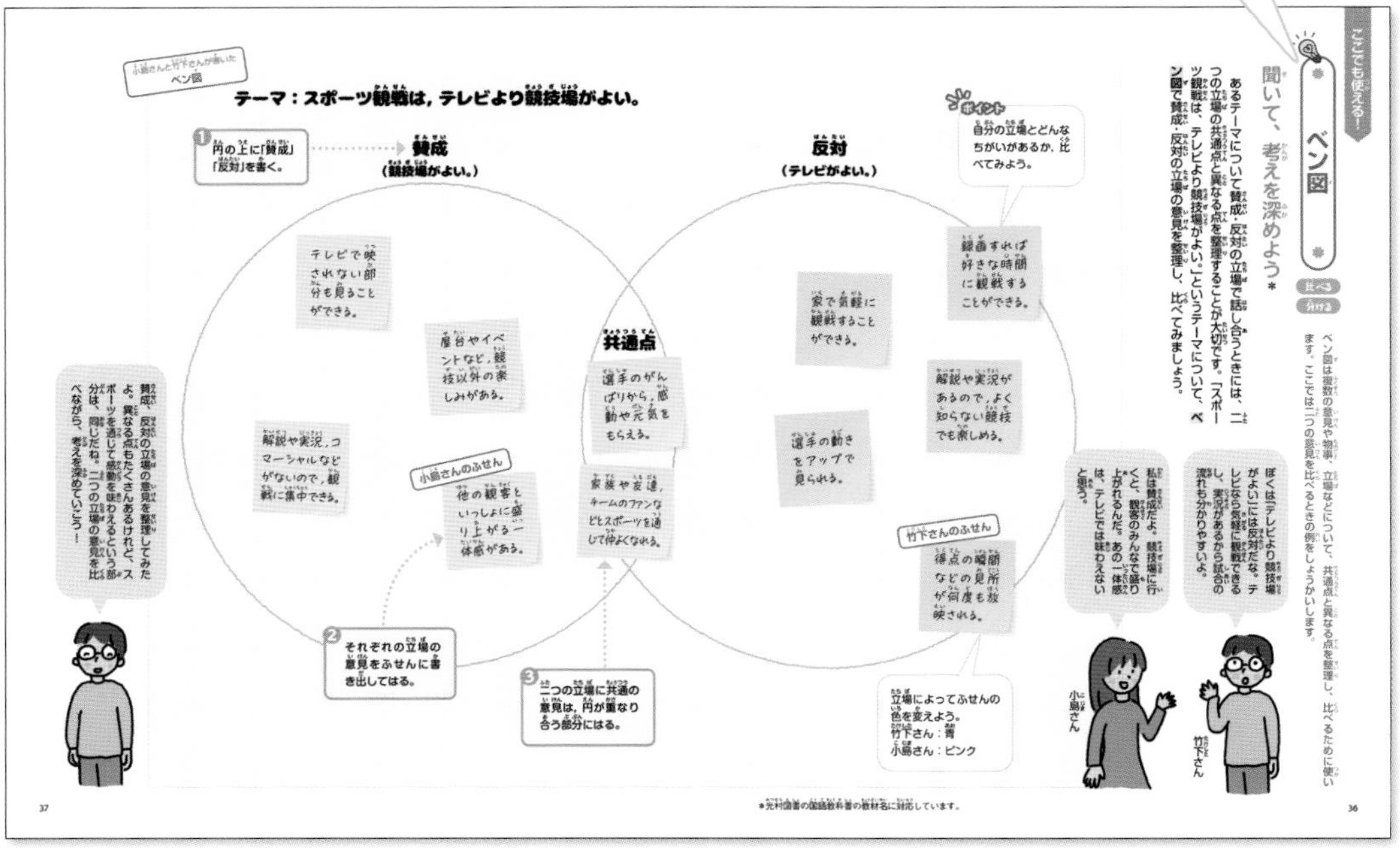

ここでも使える！
ベン図
比べる
分ける
聞いて、考えを深めよう＊
あるテーマについて賛成・反対の立場で話し合うときには、二つの立場の共通点と異なる点を整理することが大切です。「スポーツ観戦は、テレビより競技場がよい」というテーマについて、ベン図で賛成・反対の立場の意見を整理し、比べてみましょう。
テーマ：スポーツ観戦は，テレビより競技場がよい。
賛成
（競技場がよい。）
反対
（テレビがよい。）
共通点
円の上に「賛成」「反対」を書く。
それぞれの立場の意見をふせんに書き出してはる。
二つの立場に共通の意見は，円が重なり合う部分にはる。
ポイント
自分の立場とどんなちがいがあるか，比べてみよう。
立場によってふせんの色を変えよう。
竹下さん：青
小島さん：ピンク
小島さんのふせん
竹下さんのふせん
竹下さん
小島さん
ベン図

●「分《わ》かる！伝《つた》わる！コラム」について

①、②、③の最後《さいご》には、それぞれの本編《ほんぺん》の内容《ないよう》に関《かか》わるコラムを設《もう》けています。

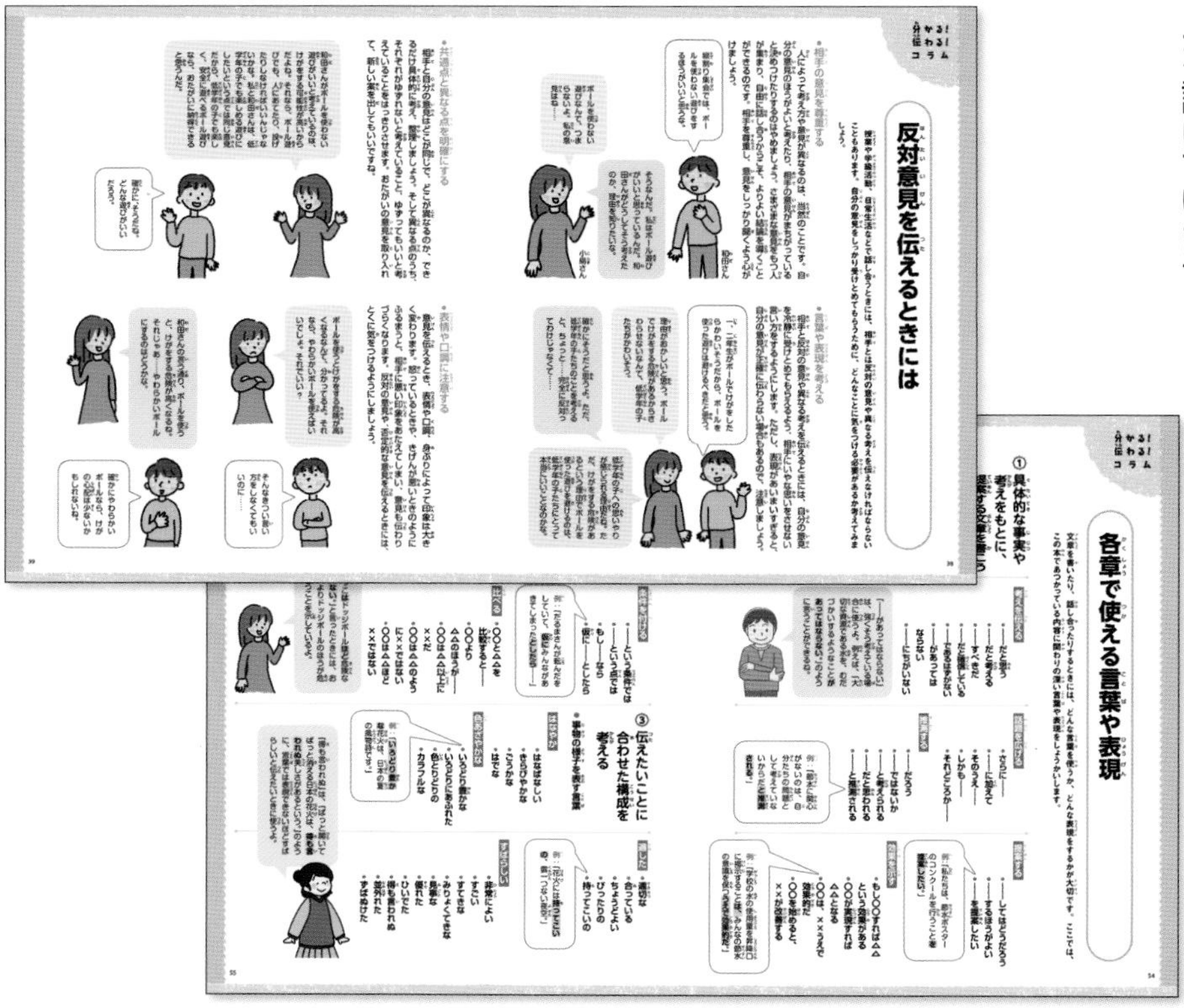

分かる！伝わる！コラム
反対意見を伝えるときには
各章で使える言葉や表現

●「資料《しりょう》」について

図書館《としょかん》やインターネットの活用《かつよう》のしかたや、文章《ぶんしょう》の基本的《きほんてき》な書《か》き方《かた》などについての資料《しりょう》を掲載《けいさい》しています。

この本《ほん》であつかう思考《しこう》ツール

●3巻《かん》では、13種類《しゅるい》の思考《しこう》ツールの使《つか》い方《かた》をしょうかいしています。それぞれの思考《しこう》ツールの基本的《きほんてき》な使《つか》い方《かた》と、どんな目的《もくてき》で使《つか》うと便利《べんり》かを表《ひょう》にしました。目的《もくてき》に合《あ》わせて、工夫《くふう》しながら使《つか》ってみましょう。

まとめる	分《わ》ける	比《くら》べる	つなげる	整理《せいり》する	見通《みとお》す	アイデア	評価《ひょうか》する	計画《けいかく》する	主張《しゅちょう》と理由《りゆう》	視点《してん》を変《か》える	予想《よそう》する	具体的《ぐたいてき》にする	順番《じゅんばん》を考《かんが》える	構成《こうせい》を考《かんが》える
	★	★		★										
	★	★												
★				★	★									
			★			★								
								★					★	
★				★										
	★				★	★								
		★					★							
							★			★				
★									★					
												★		★
					★						★			
	★	★								★				

思考《しこう》ツール			しょうかいページ	広《ひろ》げる
マトリックス(表《ひょう》)	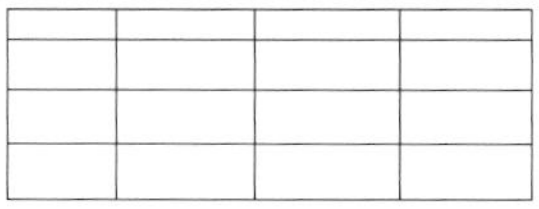	表《ひょう》のことです。縦《たて》と横《よこ》の見《み》出《だ》しに整理《せいり》する項目《こうもく》を，それぞれのわくに内容《ないよう》を書《か》き入《い》れて，比《くら》べたり整理《せいり》したりするときに使《つか》います。	18，28，43	
ベン図《ず》	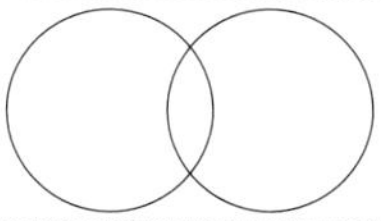	複数《ふくすう》の意見《いけん》や物事《ものごと》，立場《たちば》などについて，共通点《きょうつうてん》と異《こと》なる点《てん》を整理《せいり》し，比《くら》べるときに使《つか》います。	36	
枝《えだ》分《わ》かれ図《ず》	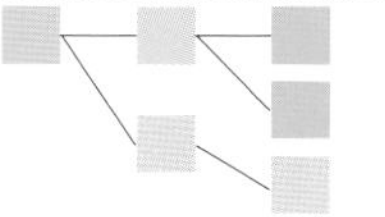	物事《ものごと》の順番《じゅんばん》や構成《こうせい》を考《かんが》えたり，整理《せいり》したりするときに使《つか》います。文章《ぶんしょう》の構成《こうせい》を考《かんが》えるときに便利《べんり》です。	15	
イメージマップ	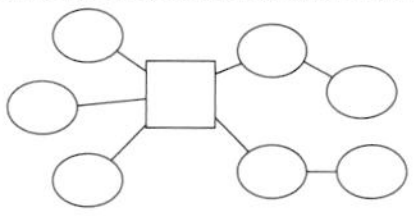	一《ひと》つの言葉《ことば》や物事《ものごと》，話題《わだい》から，アイデアを出《だ》したり，広《ひろ》げたりするときに使《つか》います。	8，20，40	★
ステップチャート	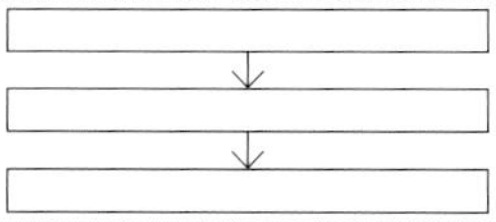	文章《ぶんしょう》を書《か》く順番《じゅんばん》を考《かんが》えたり，出来事《できごと》の順番《じゅんばん》や手順《てじゅん》を整理《せいり》したりするときに使《つか》います。	25，46	
カードと囲《かこ》み	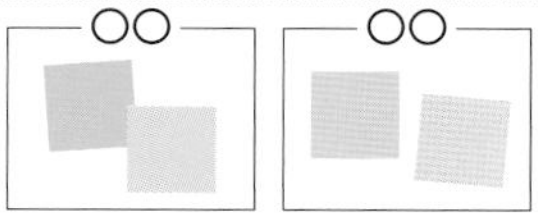	さまざまな意見《いけん》や情報《じょうほう》の共通点《きょうつうてん》を見《み》つけ，グループ分《わ》けするときに使《つか》います。	42	
フィッシュボーン	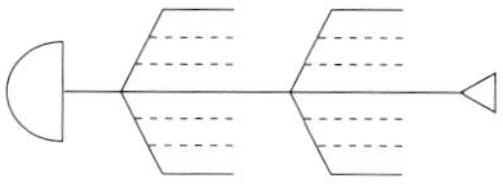	問題《もんだい》や課題《かだい》の原因《げんいん》を見《み》つけ，解決方法《かいけつほうほう》を考《かんが》えたり，主張《しゅちょう》の理由《りゆう》や根拠《こんきょ》を考《かんが》えたりするときに使《つか》います。	11，32	
座標軸《ざひょうじく》	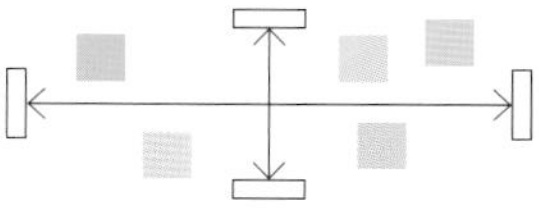	意見《いけん》を比《くら》べたり，評価《ひょうか》したりするときや，二《ふた》つの立場《たちば》の意《い》見《けん》を整理《せいり》するときに使《つか》います。	12，30	
PMI《ピーエムアイ》	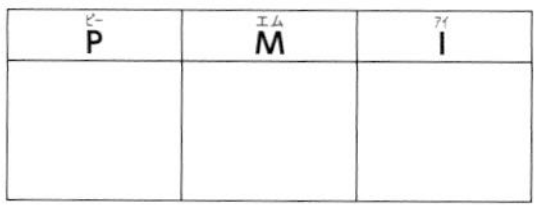	P《ピー》(Plus《プラス》，よかったところ)，M《エム》(Minus《マイナス》，悪《わる》かったところ)，I《アイ》(Interesting《インタレスティング》，興味深《きょうみぶか》かったところ)の三《みっ》つの視点《してん》から，物事《ものごと》を評価《ひょうか》したり，判断《はんだん》したりするときに使《つか》います。	50	
クラゲチャート	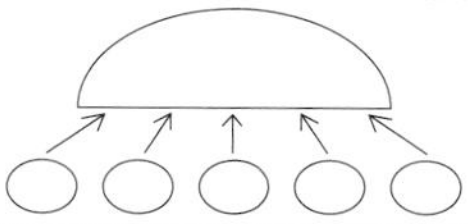	ある物事《ものごと》や事柄《ことがら》について，理由《りゆう》や根拠《こんきょ》をいくつか挙《あ》げるときや，主張《しゅちょう》を支《ささ》える理由《りゆう》を考《かんが》えたいときに使《つか》います。	47	
ピラミッドチャート	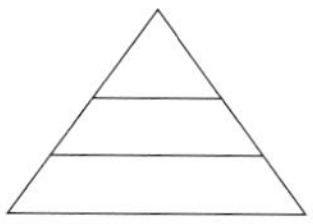	主張《しゅちょう》を明《あき》らかにしたり，主張《しゅちょう》を伝《つた》える文章《ぶんしょう》の構成《こうせい》を考《かんが》えたりするときに使《つか》います。	26，34，45	
キャンディチャート	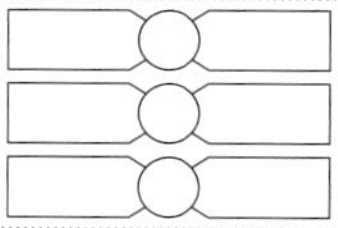	仮定《かてい》や条件《じょうけん》をもとに結果《けっか》を予想《よそう》し，その理由《りゆう》や根拠《こんきょ》を考《かんが》えるときに使《つか》います。	14	
Y《ワイ》チャート	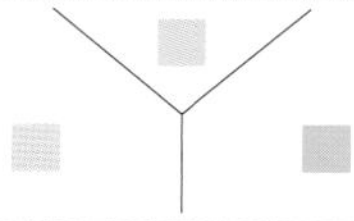	ある物事《ものごと》やテーマについて，三《みっ》つの視点《してん》で考《かんが》えるときに使《つか》います。	52	

1 具体的《ぐたいてき》な事実《じじつ》や考《かんが》えをもとに、提案《ていあん》する文章《ぶんしょう》を書《か》こう

─ 私《わたし》たちにできること ─

イメージマップ
フィッシュボーン
座標軸《ざひょうじく》
キャンディチャート
枝分《えだわ》かれ図《ず》

1 身《み》の回《まわ》りにある問題《もんだい》について考《かんが》えよう。

【1】テーマの案《あん》を出《だ》し合《あ》う。

学校《がっこう》では、電気《でんき》や水《みず》、食料《しょくりょう》などがたくさん使《つか》われています。資源《しげん》や環境《かんきょう》を大切《たいせつ》にするために、学校《がっこう》ではどんなことができるでしょうか。グループで考《かんが》えて、提案《ていあん》する文章《ぶんしょう》を書《か》きましょう。まずは提案《ていあん》するテーマを決《き》めます。学《がっ》校《こう》の様子《ようす》を見《み》たり、環境《かんきょう》や資源《しげん》の問題《もんだい》に関《かか》わる資料《しりょう》を参考《さんこう》にしたりして、**イメージマップ**に思《おも》いついたことを書《か》き出《だ》しましょう。

イメージマップ
広《ひろ》げる　つなげる
アイデア

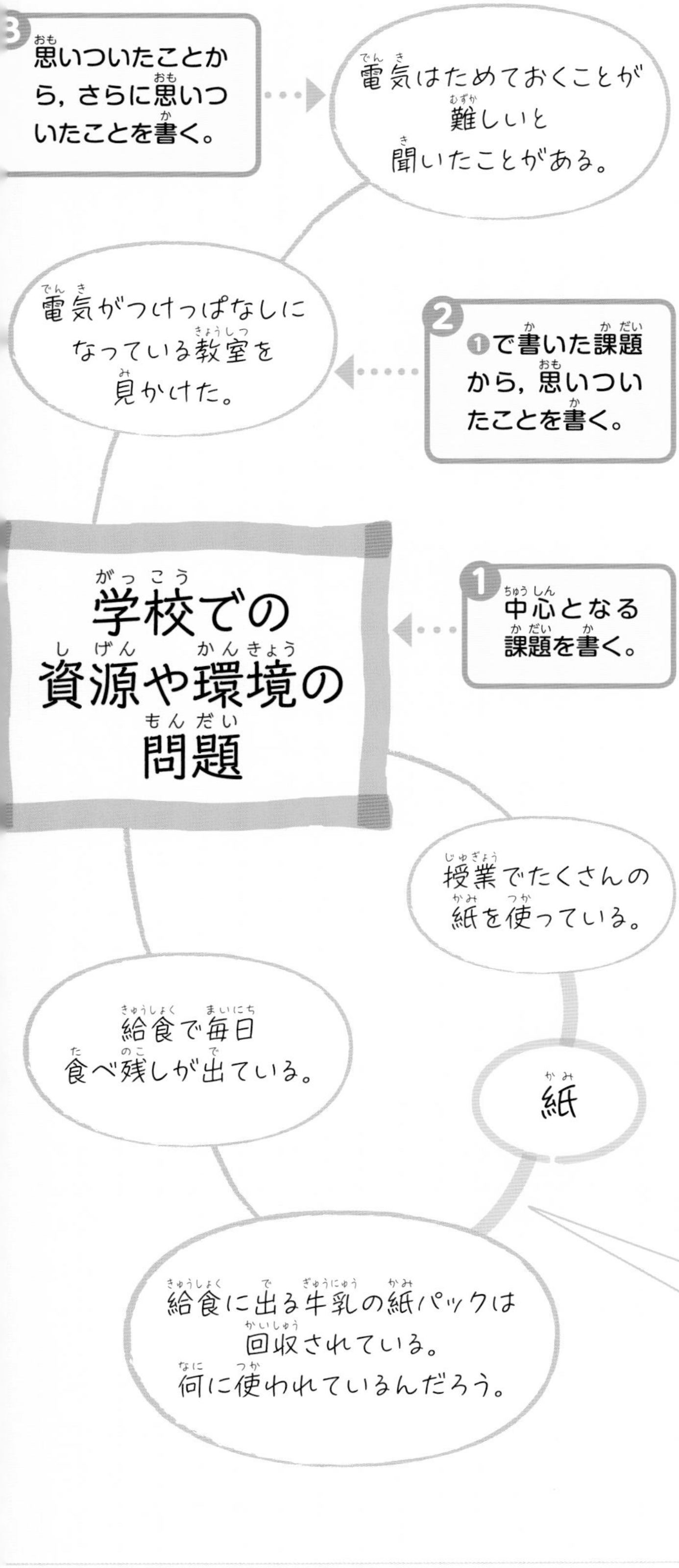

学校《がっこう》での資源《しげん》や環境《かんきょう》の問題《もんだい》
1 中心《ちゅうしん》となる課題《かだい》を書《か》く。
2 ❶で書《か》いた課題《かだい》から，思《おも》いついたことを書《か》く。
3 思《おも》いついたことから，さらに思《おも》いついたことを書《か》く。
電気《でんき》がつけっぱなしになっている教室《きょうしつ》を見《み》かけた。
電気《でんき》はためておくことが難《むずか》しいと聞《き》いたことがある。
授業《じゅぎょう》でたくさんの紙《かみ》を使《つか》っている。
給食《きゅうしょく》で毎日《まいにち》食《た》べ残《のこ》しが出《で》ている。
紙《かみ》
給食《きゅうしょく》に出《で》る牛乳《ぎゅうにゅう》の紙《かみ》パックは回収《かいしゅう》されている。何《なに》に使《つか》われているんだろう。

ポイント
つながりのある言葉《ことば》や文《ぶん》を線《せん》で結《むす》んだり，まとめたりして，つながりに名前《なまえ》をつけよう。

【2】テーマを決《き》める。

イメージマップで書《か》き出《だ》したことから、グループで提案《ていあん》するテーマを一《ひと》つ選《えら》びましょう。グループのみんなが興味《きょうみ》のあるものを選《えら》ぶようにします。

2班《はん》が書《か》いた
イメージマップ

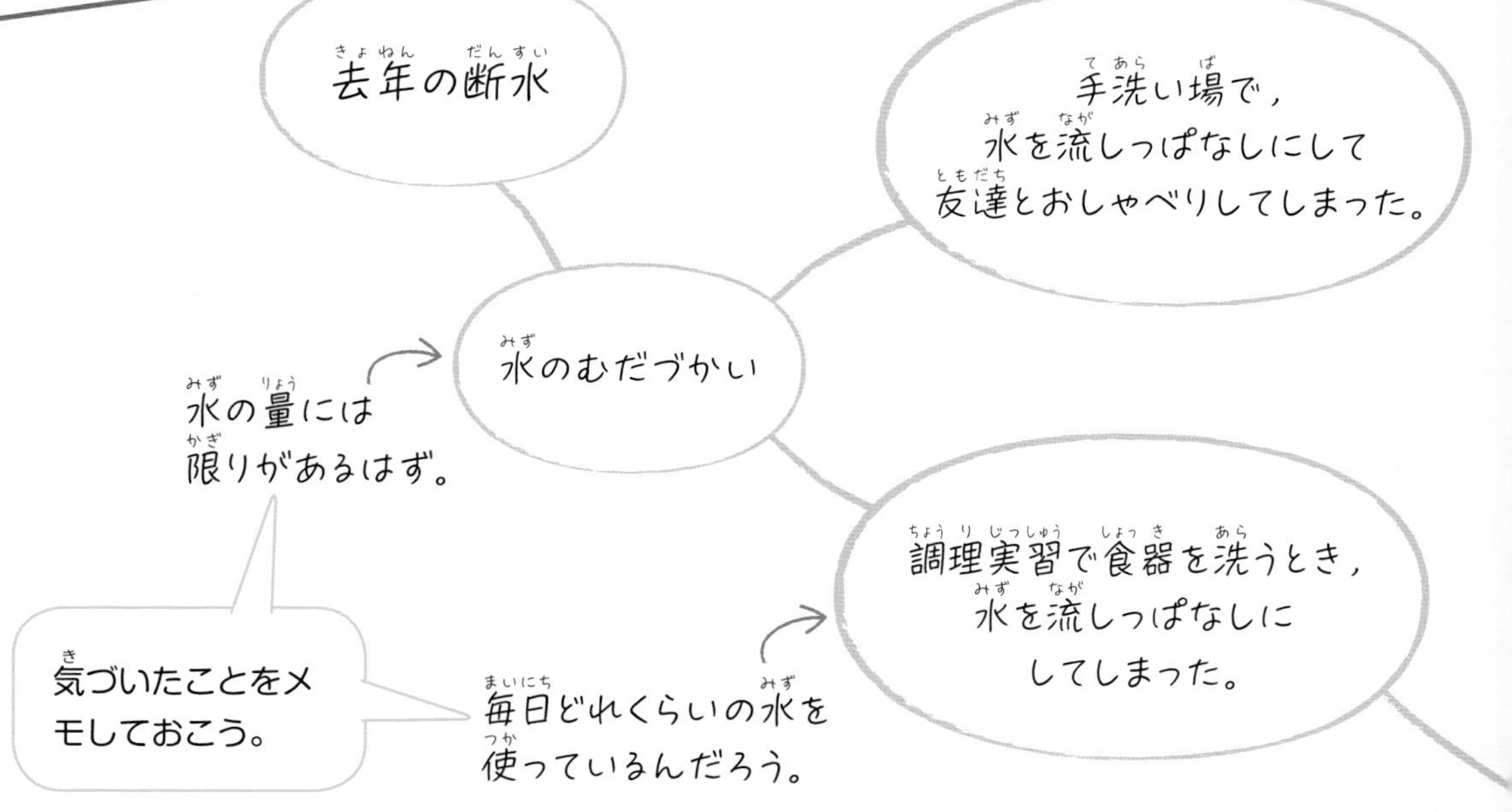

去年《きょねん》の断水《だんすい》
手洗《てあら》い場《ば》で，
水《みず》を流《なが》しっぱなしにして
友達《ともだち》とおしゃべりしてしまった。
水《みず》のむだづかい
水《みず》の量《りょう》には
限《かぎ》りがあるはず。
調理実習《ちょうりじっしゅう》で食器《しょっき》を洗《あら》うとき，
水《みず》を流《なが》しっぱなしに
してしまった。
気《き》づいたことをメモしておこう。
毎日《まいにち》どれくらいの水《みず》を
使《つか》っているんだろう。

そういえば、この前《まえ》の調理《ちょうり》実習《じっしゅう》で、食器《しょっき》を洗《あら》うときにずっと水《みず》を流《なが》しっぱなしにしちゃったな。
山田《やまだ》さん
ぼくはこの前《まえ》、手《て》を洗《あら》っていたときに友達《ともだち》と話《はな》し始《はじ》めて、ずっと水《みず》を流《なが》しっぱなしにしてしまった。つい気軽《きがる》に使《つか》ってしまうけれど、水《みず》だって、量《りょう》に限《かぎ》りがある資源《しげん》なんだよね。
大宮《おおみや》さん
去年《きょねん》は全国的《ぜんこくてき》に雨《あめ》が降《ふ》らない日《ひ》が続《つづ》いて、断水《だんすい》が起《お》こった地域《ちいき》もあったよね。水《みず》の問題《もんだい》って、身《み》近《ちか》なことなんだなあ。みんなも思《おも》い当《あ》たる経験《けいけん》があるみたいだから、このグループでは「節水《せっすい》」をテーマにしてはどうだろう。
北野《きたの》さん
いいね！　節水《せっすい》について調《しら》べて、六年生《ろくねんせい》のみんなに読《よ》んでもらえるような、提案《ていあん》する文章《ぶんしょう》を書《か》こうよ。自分《じぶん》たちの提案《ていあん》で、学校《がっこう》での水《みず》のむだづかいが減《へ》って、環境《かんきょう》や資源《しげん》を守《まも》ることにつながればいいね。
森下《もりした》さん

2 提案《ていあん》のための資料《しりょう》を集《あつ》めよう。

【1】調《しら》べてメモを取《と》る。

テーマが決《き》まったら、それぞれで資料《しりょう》を集《あつ》めましょう。本《ほん》やインターネットで調《しら》べたり、インタビューをしたりして、参考《さんこう》になりそうな内容《ないよう》をメモしておきます。

●本《ほん》で調《しら》べる。

→資料《しりょう》56ページ

「日本《にっぽん》の一人当《ひとりあ》たりの年平均降水量《ねんへいきんこうすいりょう》は、世界的《せかいてき》に見《み》て少《すく》ない。近年《きんねん》は降水量《こうすいりょう》の少《すく》ない年《とし》が増《ふ》えており、水不足《みずぶそく》が起《お》こることもある。」……そうなんだ！

●インターネットで調《しら》べる。

→資料《しりょう》58ページ

地球上《ちきゅうじょう》にある水《みず》のうち、飲《の》み水《みず》に利用《りよう》できる水《みず》の量《りょう》は限《かぎ》られているんだね。流《なが》しっぱなしにすると、貴重《きちょう》な水《みず》をむだにすることになるんだなあ。

●インタビューをする。

環境委員《かんきょういいん》として、学校《がっこう》での水《みず》の使《つか》い方《かた》について気《き》になっていることはありますか。

じゃぐちを勢《いきお》いよく開《あ》けて使《つか》う人《ひと》が多《おお》いことが気《き》になっています。一人一人《ひとりひとり》の水《みず》のむだづかいが積《つ》み重《かさ》なると、学校全体《がっこうぜんたい》ではぼうだいな量《りょう》になります。「水《みず》は大切《たいせつ》な資源《しげん》」という意識《いしき》をもって行動《こうどう》してほしいです。

ポイント

資料《しりょう》で調《しら》べたことのうち，重要《じゅうよう》だと考《かんが》えた内容《ないよう》をメモする。

大宮《おおみや》さんが書《か》いたメモ

■メモの例《れい》

調《しら》べたこと	飲《の》み水《みず》に利用《りよう》できる水《みず》について。
分《わ》かったこと	「地球上《ちきゅうじょう》にある水《みず》のうち，私《わたし》たちが飲《の》み水《みず》に利用《りよう》できる水《みず》は約《やく》0.01％《パーセント》しかない。自然《しぜん》の力《ちから》や浄水場《じょうすいじょう》などで水《みず》をきれいにするにも，限界《げんかい》がある。」
出典《しゅってん》	△□市水道局《しすいどうきょく》「私《わたし》たちのくらしと水《みず》」（https://www.---） 見《み》た日《ひ》：6月《がつ》19日《にち》

調《しら》べた資料《しりょう》の情報《じょうほう》をメモする。
本《ほん》の場合《ばあい》：著者名《ちょしゃめい》「本《ほん》のタイトル」出版社名《しゅっぱんしゃめい》 出版年《しゅっぱんねん》
インターネットの場合《ばあい》：ページの作成者《さくせいしゃ》「ウェブサイト名《めい》」（URL《ユーアールエル》）見《み》た日《ひ》

北野《きたの》さんが書《か》いたメモ

■メモの例《れい》

環境委員《かんきょういいん》　春野《はるの》さんにインタビュー

質問《しつもん》	学校《がっこう》での水《みず》の使《つか》い方《かた》について気《き》になることはありますか。
答《こた》え	じゃぐちを勢《いきお》いよく開《あ》けて使《つか》っている人《ひと》が多《おお》い。 →1人《ひとり》のむだが積《つ》み重《かさ》なると，ぼうだいな量《りょう》のむだになる。 1人1人《ひとりひとり》が水《みず》は大切《たいせつ》な資源《しげん》という意識《いしき》をもってほしい。

質問《しつもん》はあらかじめ考《かんが》えておき，メモを作《つく》っておこう。

【2】現状《げんじょう》と問題点《もんだいてん》、解決方法《かいけつほうほう》を考《かんが》える。

それぞれで調《しら》べたことや、そこから考《かんが》えたことをもとに、グループでテーマについての現状《げんじょう》や問題点《もんだいてん》、解決方《かいけつほう》法《ほう》を話《はな》し合《あ》いましょう。**フィッシュボーン**で現状《げんじょう》や問題《もんだい》点《てん》の原因《げんいん》を整理《せいり》し、それに対《たい》する解決方法《かいけつほうほう》を考《かんが》えます。

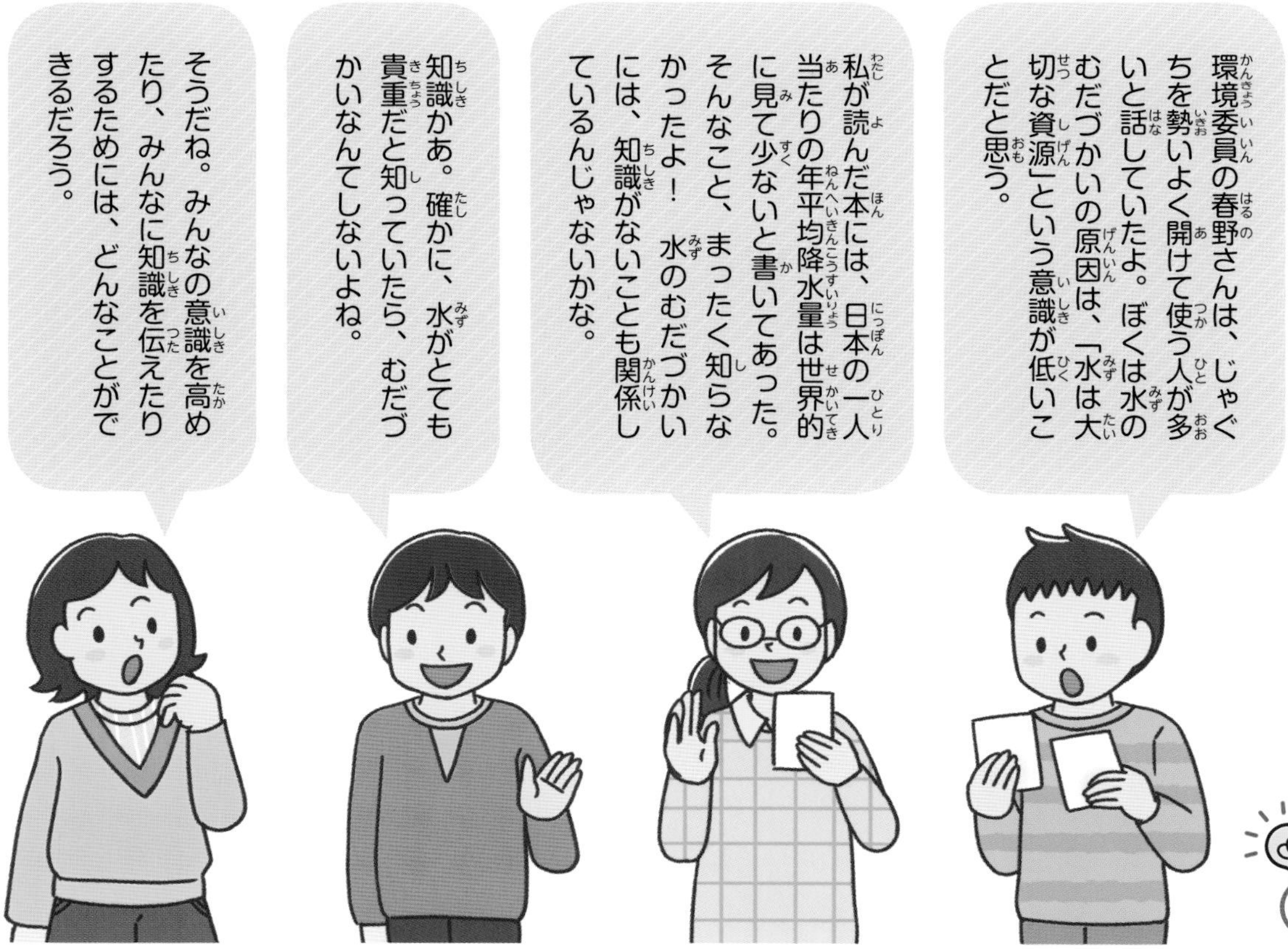

環境委員《かんきょういいん》の春野《はるの》さんは、じゃぐちを勢《いきお》いよく開《あ》けて使《つか》う人《ひと》が多《おお》いと話《はな》していたよ。ぼくは水《みず》のむだづかいの原因《げんいん》は、「水《みず》は大《たい》切《せつ》な資源《しげん》」という意識《いしき》が低《ひく》いことだと思《おも》う。
私《わたし》が読《よ》んだ本《ほん》には、日本《にっぽん》の一人《ひとり》当《あ》たりの年平均降水量《ねんへいきんこうすいりょう》は世界的《せかいてき》に見《み》て少《すく》ないと書《か》いてあった。そんなこと、まったく知《し》らなかったよ！　水《みず》のむだづかいには、知識《ちしき》がないことも関係《かんけい》しているんじゃないかな。
知識《ちしき》かあ。確《たし》かに、水《みず》がとても貴重《きちょう》だと知《し》っていたら、むだづかいなんてしないよね。
そうだね。みんなの意識《いしき》を高《たか》めたり、みんなに知識《ちしき》を伝《つた》えたりするためには、どんなことができるだろう。

フィッシュボーン

分《わ》ける　アイデア　見通《みとお》す

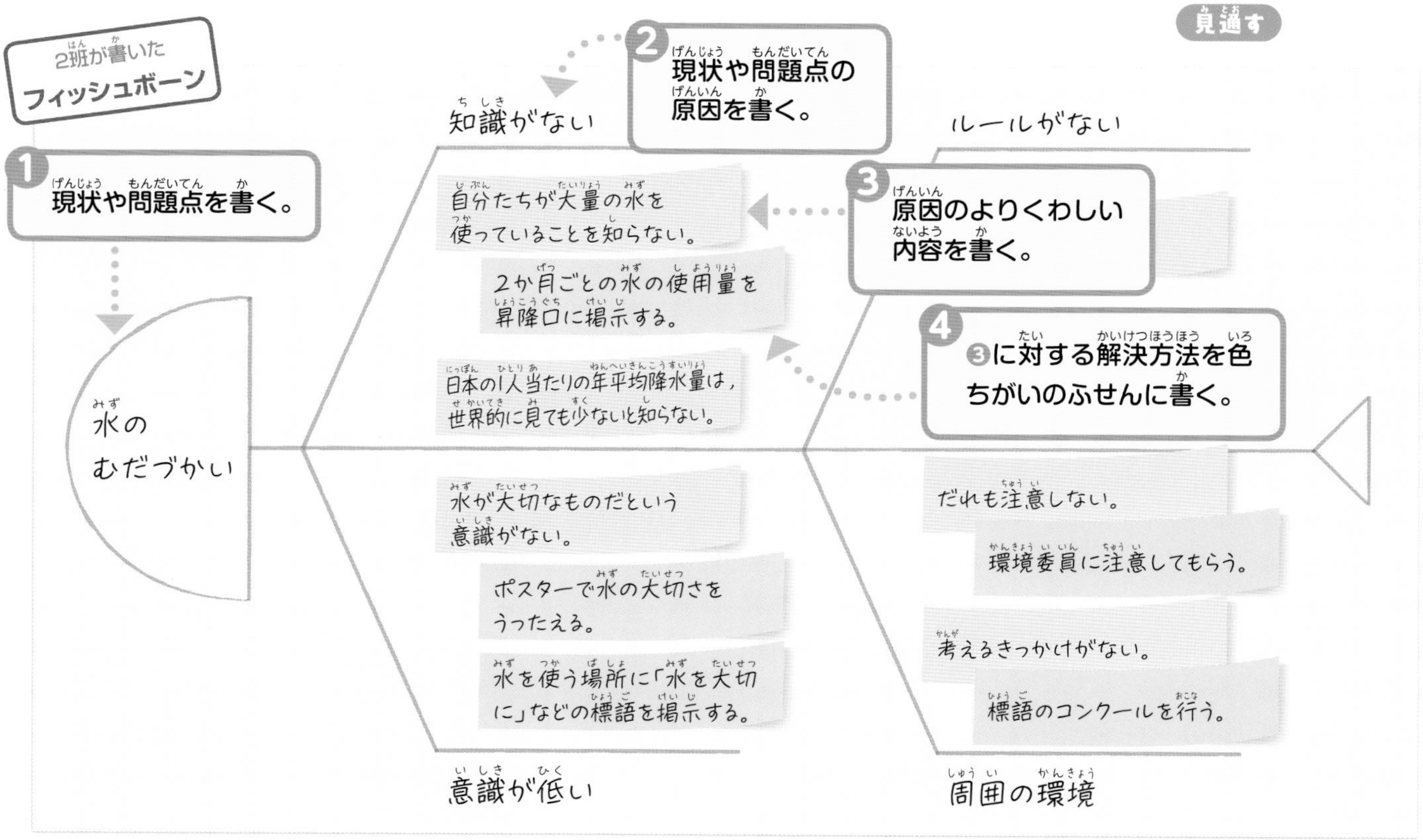

2班《はん》が書《か》いた
フィッシュボーン
1 現状《げんじょう》や問題点《もんだいてん》を書《か》く。
2 現状《げんじょう》や問題点《もんだいてん》の原因《げんいん》を書《か》く。
3 原因《げんいん》のよりくわしい内容《ないよう》を書《か》く。
4 ❸に対《たい》する解決方法《かいけつほうほう》を色《いろ》ちがいのふせんに書《か》く。
水《みず》のむだづかい
知識《ちしき》がない
自分《じぶん》たちが大量《たいりょう》の水《みず》を使《つか》っていることを知《し》らない。
2か月《げつ》ごとの水《みず》の使用量《しようりょう》を昇降口《しょうこうぐち》に掲示《けいじ》する。
日本《にっぽん》の1人《ひとり》当《あ》たりの年平均降水量《ねんへいきんこうすいりょう》は，世界的《せかいてき》に見《み》ても少《すく》ないと知《し》らない。
意識《いしき》が低《ひく》い
水《みず》が大切《たいせつ》なものだという意識《いしき》がない。
ポスターで水《みず》の大切《たいせつ》さをうったえる。
水《みず》を使《つか》う場所《ばしょ》に「水《みず》を大切《たいせつ》に」などの標語《ひょうご》を掲示《けいじ》する。
ルールがない
周囲《しゅうい》の環境《かんきょう》
だれも注意《ちゅうい》しない。
環境委員《かんきょういいん》に注意《ちゅうい》してもらう。
考《かんが》えるきっかけがない。
標語《ひょうご》のコンクールを行《おこな》う。

【3】グループで提案《ていあん》する内容《ないよう》を決《き》める。

2【2】で考《かんが》えた解決方法《かいけつほうほう》を**座標軸**《ざひょうじく》で整理《せいり》し、グループでどの解決方法《かいけつほうほう》を提案《ていあん》するか決《き》めましょう。それぞれの解決方法《かいけつほうほう》のよいところを組《く》み合《あ》わせるなどして、よりよい提案《ていあん》ができるよう話《はな》し合《あ》います。

座標軸《ざひょうじく》

比《くら》べる　評価《ひょうか》する

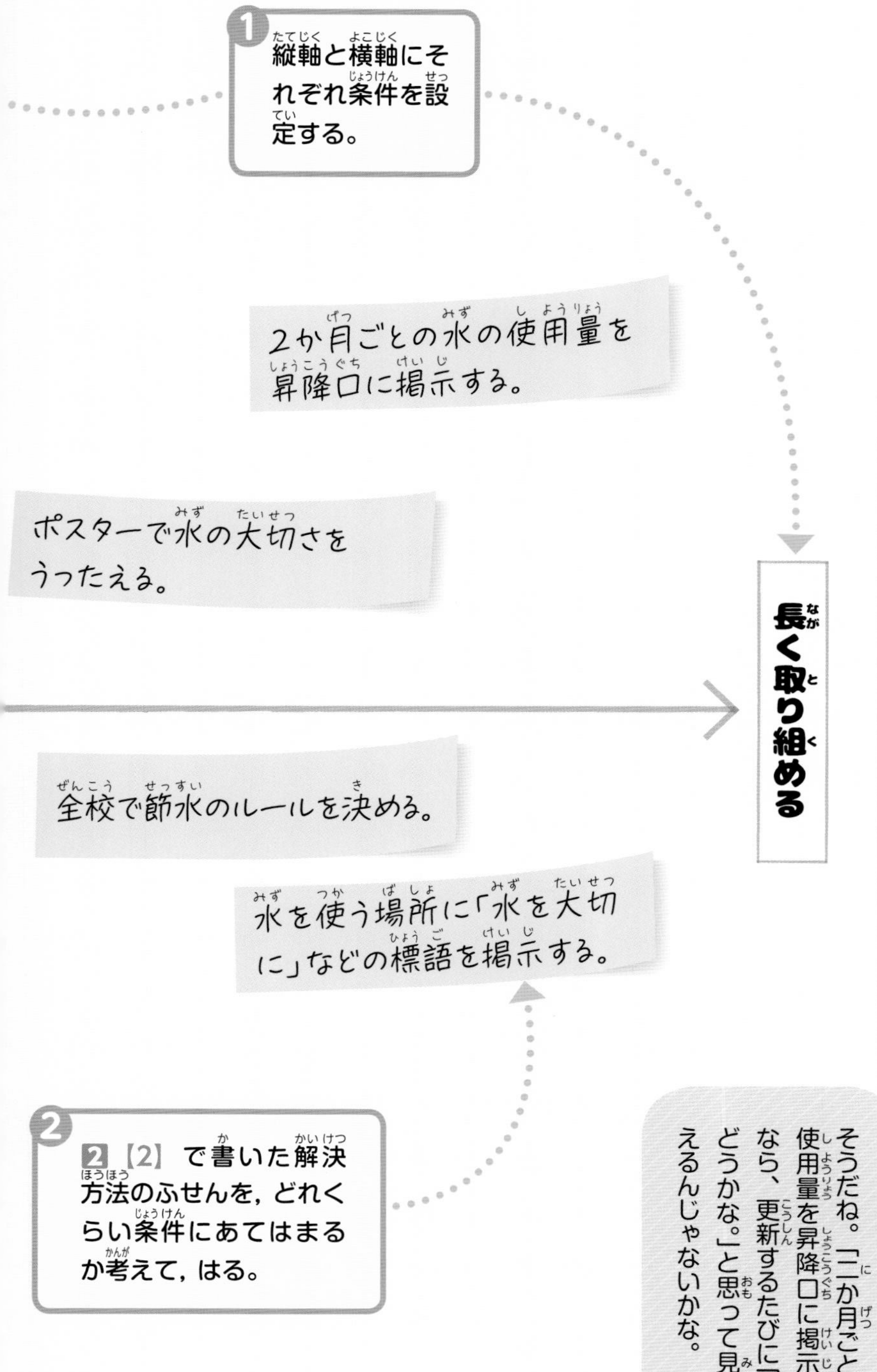
1 縦軸《たてじく》と横軸《よこじく》にそれぞれ条件《じょうけん》を設《せっ》定《てい》する。
2か月《げつ》ごとの水《みず》の使用量《しようりょう》を昇降口《しょうこうぐち》に掲示《けいじ》する。
ポスターで水《みず》の大切《たいせつ》さをうったえる。
長《なが》く取《と》り組《く》める
全校《ぜんこう》で節水《せっすい》のルールを決《き》める。
水《みず》を使《つか》う場所《ばしょ》に「水《みず》を大切《たいせつ》に」などの標語《ひょうご》を掲示《けいじ》する。
2 2【2】で書《か》いた解決《かいけつ》方法《ほうほう》のふせんを，どれくらい条件《じょうけん》にあてはまるか考《かんが》えて，はる。

「水《みず》を使《つか》う場所《ばしょ》に『水《みず》を大《たい》切《せつ》に』などの標語《ひょうご》を掲示《けいじ》する。」は、ずっと同《おな》じものを掲示《けいじ》することになるから、見《み》なれてくると効《こう》果《か》が低《ひく》くなってしまいそうだね。
そうだね。「二《に》か月《げつ》ごとの水《みず》の使用量《しようりょう》を昇降口《しょうこうぐち》に掲示《けいじ》する。」なら、更新《こうしん》するたびに「今回《こんかい》はどうかな。」と思《おも》って見《み》てもらえるんじゃないかな。

2班《はん》が書《か》いた
座標軸《ざひょうじく》

効果《こうか》が高《たか》い

節水《せっすい》をテーマにした
ポスターのコンクールを行《おこな》う。

3 はったふせんを
もとに話《はな》し合《あ》い，
新《あたら》しい解決方法《かいけつほうほう》
を考《かんが》える。

標語《ひょうご》のコンクールを行《おこな》う。

ポイント
条件《じょうけん》は，解決方法《かいけつほうほう》のどんなところが重要《じゅうよう》か考《かんが》えて決《き》めよう。

一《いち》度《ど》限《かぎ》り

環境《かんきょう》委員《いいん》に注意《ちゅうい》してもらう。

効果《こうか》が低《ひく》い

「標語《ひょうご》のコンクールを行《おこな》う。」もいいけれど、ポスターだとぱっと目《め》に入《はい》るから、節水《せっすい》をテーマにしたポスターのコンクールを行《おこな》うのはどうかな。一《いち》度《ど》限《かぎ》りだけれど、効果《こうか》は高《たか》いと思《おも》う。

それはいいね！ じゃあ、長《なが》く取《と》り組《く》める「二《に》か月《げつ》ごとの水《みず》の使用量《しようりょう》を昇降口《しょうこうぐち》に掲示《けいじ》する。」と、一《いち》度《ど》限《かぎ》りだけれど効果《こうか》が高《たか》そうな「節水《せっすい》をテーマにしたポスターのコンクールを行《おこな》う。」の二《ふた》つを提案《ていあん》することにしよう。

【4】提案《ていあん》が実現《じつげん》したときの効果《こうか》を考《かんが》える。

何《なに》かを提案《ていあん》するときには、それが実現《じつげん》したらどんな効果《こうか》があるか、具体的《ぐたいてき》に示《しめ》すことが大切《たいせつ》です。**キャンディチャート**を使《つか》って、提案《ていあん》が実現《じつげん》したときの効果《こうか》と、その理《り》由《ゆう》や根《こん》拠《きょ》を考《かんが》えましょう。

節水《せっすい》をテーマにしたポスターのコンクールを行《おこな》ったら……学校《がっこう》のみんなに、水《みず》が大切《たいせつ》な資源《しげん》だと知《し》ってもらえるんじゃないかな。
そうだね。分《わ》かりやすいポスターを作《つく》るには、資源《しげん》としての水《みず》についてよく調《しら》べて、理《り》解《かい》することが必要《ひつよう》だものね。
水を知る
提案《ていあん》が実現《じつげん》したら、いろいろな効果《こうか》がありそうだね。どの効果《こうか》を示《しめ》したら、みんなに納《なっ》得《とく》してもらえるだろう。

キャンディチャート

予想《よそう》する　見通《みとお》す

2班《はん》が書《か》いた
キャンディチャート

1 左《ひだり》のわくに，グループで提案《ていあん》することを仮定《かてい》として書《か》く。

2 1が実現《じつげん》したときにどんな効果《こうか》があるか書《か》く。

3 右《みぎ》のわくに，2の理《り》由《ゆう》や根拠《こんきょ》を書《か》く。

4 思《おも》いついた効果《こうか》を書《か》き出《だ》した後《あと》，説得《せっとく》力《りょく》がありそうなものを選《えら》ぶ。

もし～なら		なぜなら	
節水《せっすい》をテーマにしたポスターのコンクールを行《おこな》ったら	学校《がっこう》のみんなに水《みず》が大切《たいせつ》な資源《しげん》だと知《し》ってもらえる。	ポスターを作《つく》るために，資源《しげん》としての水《みず》についてよく調《しら》べるから。	○
節水《せっすい》をテーマにしたポスターのコンクールを行《おこな》ったら	みんなの節水《せっすい》の意識《いしき》が高《たか》まる。	節水《せっすい》を身近《みぢか》な問題《もんだい》として考《かんが》えることになるから。	○
節水《せっすい》をテーマにしたポスターのコンクールを行《おこな》ったら	みんなに節水《せっすい》に興味《きょうみ》をもってもらえる。	イベントとして盛《も》り上《あ》がるから。	×

3 提案《ていあん》する文章《ぶんしょう》の構成《こうせい》を考《かんが》えよう。

2で集《あつ》めた資料《しりょう》や考《かんが》えたことをもとに、**枝分《えだわ》かれ図《ず》**を使《つか》って提案《ていあん》する文章《ぶんしょう》の構成《こうせい》を考《かんが》えます。提案《ていあん》のきっかけ、提案《ていあん》、まとめという大《おお》きなまとまりについて、それぞれどんな内容《ないよう》を書《か》くかグループで相談《そうだん》しましょう。提案《ていあん》がいくつかある場合《ばあい》は、提案《ていあん》ごとにまとまりをつくります。

枝分《えだわ》かれ図《ず》

整理《せいり》する　見通《みとお》す　まとめる

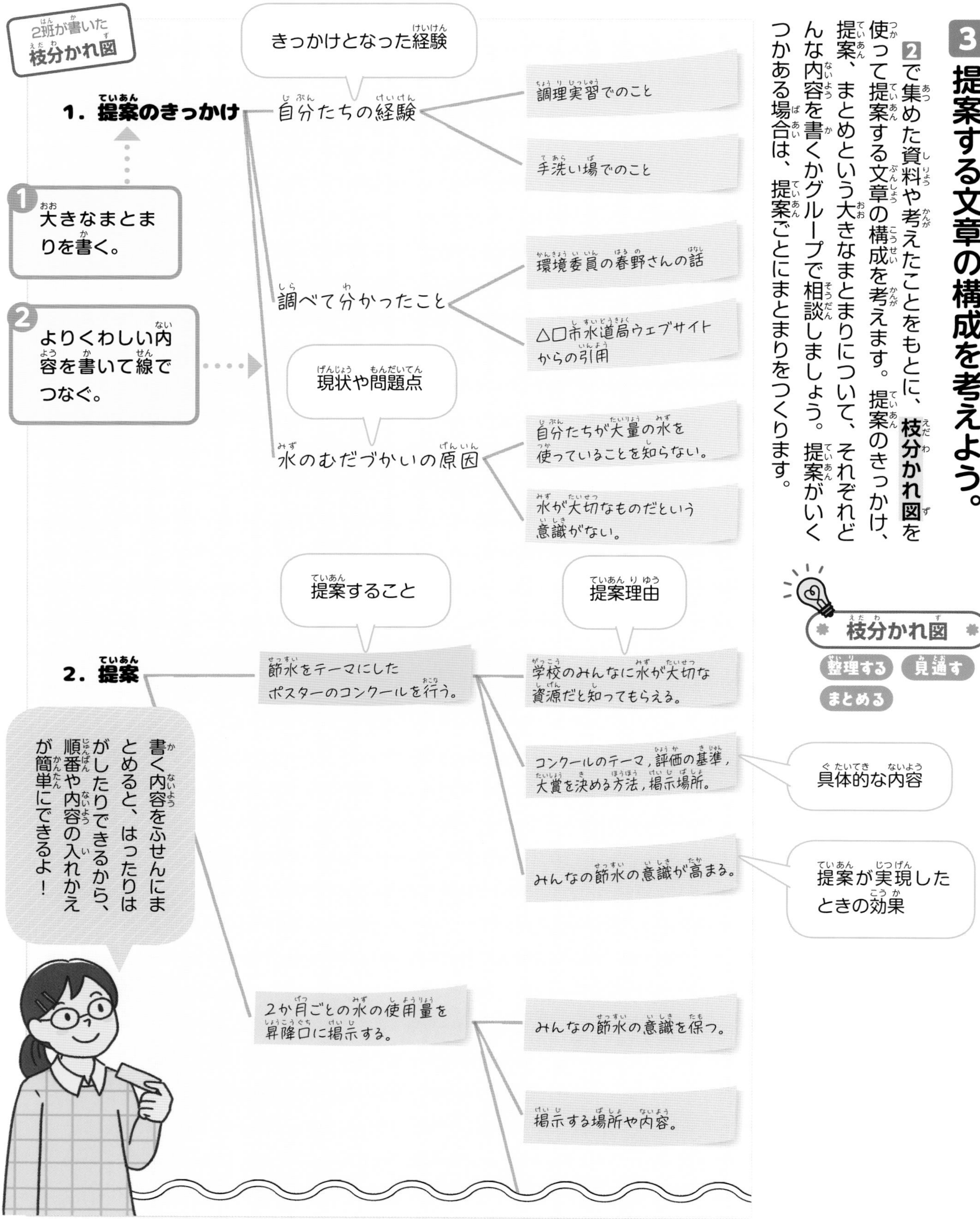
2班《はん》が書《か》いた
枝分《えだわ》かれ図《ず》
1　大《おお》きなまとまりを書《か》く。
2　よりくわしい内《ない》容《よう》を書《か》いて線《せん》でつなぐ。
1．提案《ていあん》のきっかけ
きっかけとなった経験《けいけん》
自分《じぶん》たちの経験《けいけん》
調理実習《ちょうりじっしゅう》でのこと
手洗《てあら》い場《ば》でのこと
調《しら》べて分《わ》かったこと
環境委員《かんきょういいん》の春野《はるの》さんの話《はなし》
△□市水道局《しすいどうきょく》ウェブサイトからの引用《いんよう》
現状《げんじょう》や問題点《もんだいてん》
水《みず》のむだづかいの原因《げんいん》
自分《じぶん》たちが大量《たいりょう》の水《みず》を使《つか》っていることを知《し》らない。
水《みず》が大切《たいせつ》なものだという意識《いしき》がない。
2．提案《ていあん》
提案《ていあん》すること
提案理由《ていあんりゆう》
節水《せっすい》をテーマにしたポスターのコンクールを行《おこな》う。
学校《がっこう》のみんなに水《みず》が大切《たいせつ》な資源《しげん》だと知《し》ってもらえる。
コンクールのテーマ，評価《ひょうか》の基準《きじゅん》，大賞《たいしょう》を決《き》める方法《ほうほう》，掲示場所《けいじばしょ》。
具体的《ぐたいてき》な内容《ないよう》
みんなの節水《せっすい》の意識《いしき》が高《たか》まる。
提案《ていあん》が実現《じつげん》したときの効果《こうか》
2か月《げつ》ごとの水《みず》の使用量《しようりょう》を昇降口《しょうこうぐち》に掲示《けいじ》する。
みんなの節水《せっすい》の意識《いしき》を保《たも》つ。
掲示《けいじ》する場所《ばしょ》や内容《ないよう》。
書《か》く内容《ないよう》をふせんにまとめると、はったりはがしたりできるから、順番《じゅんばん》や内容《ないよう》の入《い》れかえが簡単《かんたん》にできるよ！

4 提案《ていあん》する文章《ぶんしょう》を書《か》こう。

3で書《か》いた枝分《えだわ》かれ図《ず》をもとに、提案《ていあん》する文章《ぶんしょう》を書《か》きましょう。

・「水《みず》は大切《たいせつ》な資源《しげん》である」ことが伝《つた》わること

○1，2年生《ねんせい》の部《ぶ》，3，4年生《ねんせい》の部《ぶ》，5，6年生《ねんせい》の部《ぶ》を設《もう》け，それぞれの学年《がくねん》ごとに投《とう》票《ひょう》して大賞《たいしょう》を決《き》める。

○大賞《たいしょう》の3作品《さくひん》は昇降口《しょうこうぐち》に掲示《けいじ》する。他《ほか》の応募作品《おうぼさくひん》も，クラスの壁《かべ》やろうかなどに掲示《けいじ》する。

　ポスターを見《み》るだけでは意識《いしき》が変《か》わらない人《ひと》もいる。自分《じぶん》でポスターを作《つく》ることになれば，節水《せっすい》について積極的《せっきょくてき》に調《しら》べ，身近《みぢか》な問題《もんだい》として考《かんが》えることになるので，みんなの節水《せっすい》の意識《いしき》が高《たか》まることにつながると考《かんが》える。

（2）水《みず》の使用量《しようりょう》を掲示《けいじ》する

　もう一《ひと》つ提案《ていあん》したいのが，学校《がっこう》の水《みず》の使用量《しようりょう》を掲示《けいじ》することだ。これは，みんなの節水《せっすい》の意識《いしき》を保《たも》つためである。（1）だけでは，コンクールのときは盛《も》り上《あ》がっても，その後《ご》，節水《せっすい》の意識《いしき》が続《つづ》かない可能性《かのうせい》があるからだ。

　掲示《けいじ》する具体的《ぐたいてき》な内容《ないよう》は，以下《いか》の通《とお》りだ。

○掲示《けいじ》する場所《ばしょ》は，昇降口《しょうこうぐち》。

○2か月分《げつぶん》の水《みず》の使用量《しようりょう》を，「バケツ何杯分《なんばいぶん》」という形《かたち》で示《しめ》す。

○昨年度《さくねんど》の量《りょう》も並《なら》べてしょうかいし，比較《ひかく》できるようにする。

3　まとめ

　地球上《ちきゅうじょう》にある水《みず》のうち，私《わたし》たちが生活《せいかつ》に使《つか》うことのできる水《みず》は限《かぎ》られている。この限《かぎ》られた水《みず》という資源《しげん》を，大切《たいせつ》に使《つか》う努力《どりょく》が必要《ひつよう》だ。

　○△小学校《しょうがっこう》で節水《せっすい》の取《と》り組《く》みを進《すす》めるため，みなさんには私《わたし》たちが提案《ていあん》した「節水《せっすい》をテーマにしたポスターのコンクールを行《おこな》う」「水《みず》の使用量《しようりょう》を掲示《けいじ》する」という2点《てん》の実現《じつげん》に力《ちから》を貸《か》してほしい。

2【1】で取《と》ったメモをもとに，出《しゅっ》典《てん》の内容《ないよう》を書《か》く。→資料《しりょう》61ページ

〈出典《しゅってん》〉・△□市水道局《しすいどうきょく》「私《わたし》たちのくらしと水《みず》」（https://www.---）　見《み》た日《ひ》：6月《がつ》19日《にち》

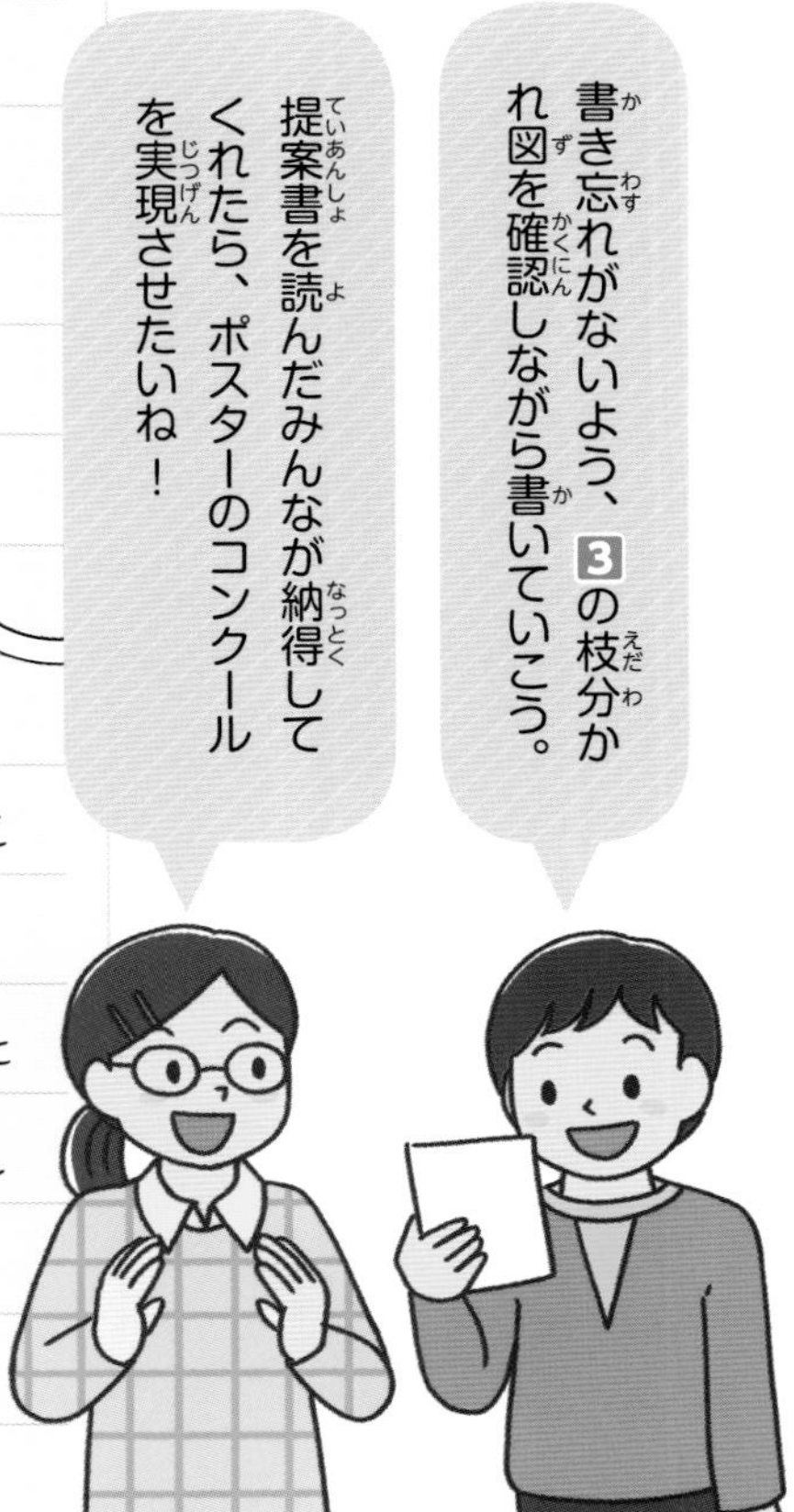
書《か》き忘《わす》れがないよう、3の枝分《えだわ》かれ図《ず》を確認《かくにん》しながら書《か》いていこう。
提案書《ていあんしょ》を読《よ》んだみんなが納得《なっとく》してくれたら、ポスターのコンクールを実現《じつげん》させたいね！

5 読《よ》み合《あ》って、感想《かんそう》を伝《つた》えよう。

提案書《ていあんしょ》を読《よ》み合《あ》い、分《わ》かりやすい部分《ぶぶん》や説得力《せっとくりょく》がある部分《ぶぶん》を伝《つた》えましょう。

2班《はん》が書《か》いた
提案書《ていあんしょ》

水《みず》のむだづかいをなくして，限《かぎ》りある資源《しげん》を大切《たいせつ》にする○△小学校《しょうがっこう》へ

6年《ねん》1組《くみ》　大宮《おおみや》，北野《きたの》，森下《もりした》，山田《やまだ》

1　提案《ていあん》のきっかけ

　私《わたし》たちは，学校生活《がっこうせいかつ》の中《なか》でたくさんの水《みず》を使《つか》っている。あらためて考《かんが》えてみると，調《ちょう》理実習《りじっしゅう》で水《みず》を流《なが》しっぱなしにして食器《しょっき》を洗《あら》ったり，手洗《てあら》い場《ば》で水《みず》を流《なが》したままにして友達《ともだち》としゃべったり，あまり意識《いしき》せずに水《みず》をむだづかいしてしまっていることに気《き》がついた。

　環境委員《かんきょういいん》の春野《はるの》さんからは，1人1人《ひとりひとり》の水《みず》のむだづかいが積《つ》み重《かさ》なると，学校全体《がっこうぜんたい》でむだにする水《みず》はぼうだいな量《りょう》になるという話《はなし》があった。また，△□市水道局《しすいどうきょく》のウェブサイトには，「地球上《ちきゅうじょう》にある水《みず》のうち，私《わたし》たちが飲《の》み水《みず》に利用《りよう》できる水《みず》は約《やく》0.01%《パーセント》しかない。自然《しぜん》の力《ちから》や浄水場《じょうすいじょう》などで水《みず》をきれいにするにも，限界《げんかい》がある。」と書《か》いてあった。

大切《たいせつ》な水《みず》をむだづかいしてしまう原因《げんいん》は，自分《じぶん》たちが大量《たいりょう》の水《みず》を使《つか》っていることを知《し》らない，また，水《みず》が大切《たいせつ》なものだという意識《いしき》がないことだと考《かんが》えられる。

　そこで私《わたし》たちのグループでは，○△小学校《しょうがっこう》で節水《せっすい》に取《と》り組《く》むために，以下《いか》の2点《てん》を提案《ていあん》する。

ポイント
提案《ていあん》の意図《いと》や内容《ないよう》，実現《じつげん》したときの効果《こうか》を具体的《ぐたいてき》に書《か》く。

2　提案《ていあん》

(1) 節水《せっすい》をテーマにしたポスターのコンクールを行《おこな》う

　全校《ぜんこう》に向《む》けて節水《せっすい》をテーマにしたポスターを募集《ぼしゅう》し，コンクールを行《おこな》うことを提《てい》案《あん》する。

　これは，○△小学校《しょうがっこう》のみんなに節水《せっすい》に興味《きょうみ》をもってもらい，むだづかいの現状《げんじょう》や，水《みず》が大切《たいせつ》な資源《しげん》であることを知《し》ってもらうためだ。

　具体的《ぐたいてき》には，次《つぎ》のようなコンクールにしたいと考《かんが》えている。

○テーマは「節水《せっすい》」。

○応募作品《おうぼさくひん》を評価《ひょうか》する基準《きじゅん》は以下《いか》の通《とお》り。

・節水《せっすい》について深《ふか》く理解《りかい》して描《えが》かれていること

内容《ないよう》のまとまりが分《わ》かりやすいよう，段落《だんらく》を分《わ》けたり，見出《みだ》しをつけたり，箇《か》条《じょう》書《が》きにしたりする。

「一人一人《ひとりひとり》の水《みず》のむだづかいが積《つ》み重《かさ》なると、学校全体《がっこうぜんたい》でむだにする水《みず》はぼうだいな量《りょう》になる」という部分《ぶぶん》に、説得力《せっとくりょく》があったね。
水《みず》の使用量《しようりょう》を掲示《けいじ》する提案《ていあん》は、くわしいことまでしっかり書《か》かれていたので、すぐに実行《じっこう》に移《うつ》せそうだと思《おも》ったよ。

マトリックス

分《わ》ける　比《くら》べる　整理《せいり》する

マトリックスは、調《しら》べた情報《じょうほう》や考《かんが》えを整理《せいり》したり、比《くら》べたりするときにも使《つか》うことができます。ここでは、インターネットの特徴《とくちょう》をマトリックスで整理《せいり》する方法《ほうほう》をしょうかいします。

インターネットとの付《つ》き合《あ》い方《かた》を考《かんが》えよう

インターネットは、だれもが気軽《きがる》に情報《じょうほう》を発信《はっしん》したり、受《う》け取《と》ったりすることができる便利《べんり》なメディアです。しかし、根拠《こんきょ》がはっきりしなかったり、まちがっていたりする情報《じょうほう》も多《おお》く見《み》られます。インターネットの特徴《とくちょう》を、**マトリックス**を使《つか》って整理《せいり》し、インターネットとの付《つ》き合《あ》い方《かた》を考《かんが》えてみましょう。

インターネットでは調《しら》べ物《もの》をしたり、友達《ともだち》と交流《こうりゅう》したり、ニュースや動画《どうが》を見《み》たり、ゲームをしたり……いろいろなことができて、よいことばかりのような気《き》がするけれど、どうなんだろう。
大宮《おおみや》さん

悪《わる》い

根拠《こんきょ》がない情報《じょうほう》や，まちがった情報《じょうほう》がある。

② それぞれのわくにあてはまる特徴《とくちょう》を考《かんが》えたり，調《しら》べたりしてふせんに書《か》き，はる。

違法《いほう》にアップロードされたマンガや映画《えいが》などを見《み》ることは著《ちょ》作権《さくけん》の侵害《しんがい》になる。

まちがった情《じょう》報《ほう》を広《ひろ》めてしまう可能性《かのうせい》がある。

個人情報《こじんじょうほう》を他人《たにん》に知《し》られてしまう可《か》能性《のうせい》がある。

自分《じぶん》の発信《はっしん》した情報《じょうほう》が人《ひと》を傷《きず》つけてしまうかもしれない。

大宮《おおみや》さんが書《か》いた
マトリックス

タイトル：インターネットの特徴《とくちょう》について

1 縦《たて》の見出《みだ》しに「情報《じょうほう》を受《う》け取《と》る」と「情報《じょうほう》を発信《はっしん》する」を，横《よこ》の見出《みだ》しに「よい」と「悪《わる》い」を書《か》く。

	よい
情報《じょうほう》を受《う》け取《と》る	お金《かね》をかけずに情報《じょうほう》が手《て》に入《はい》る。 知《し》りたい情《じょう》報《ほう》をすぐに見《み》つけられる。 世界中《せかいじゅう》の人《ひと》びとと交《こう》流《りゅう》できる。 文字《もじ》，写真《しゃしん》，動画《どうが》など，さまざまな情報《じょうほう》を大量《たいりょう》に受《う》け取《と》ることができる。 新《あたら》しい情報《じょうほう》をすぐに知《し》ることができる。
情報《じょうほう》を発信《はっしん》する	立場《たちば》に関係《かんけい》なく自由《じゆう》に情報《じょうほう》を発信《はっしん》できる。 世界中《せかいじゅう》の人《ひと》びとと交《こう》流《りゅう》できる。 場所《ばしょ》や情報《じょうほう》の量《りょう》を気《き》にせず発信《はっしん》できる。

そうか。インターネットにはよいところもあれば、悪《わる》いところもあるんだね。まちがった情報《じょうほう》を信《しん》じたり、人《ひと》を傷《きず》つける書《か》きこみをしたりしないよう、気《き》をつけて利用《りよう》するようにしよう！

イメージマップ

広《ひろ》げる　つなげる　アイデア

イメージマップは、一《ひと》つの話題《わだい》からアイデアを出《だ》したり、広《ひろ》げたりするときに便利《べんり》です。ここでは、小学校生活《しょうがっこうせいかつ》の思《おも》い出《で》について書《か》き出《だ》すときに使《つか》う例《れい》をしょうかいします。

楽《たの》しかった小学校《しょうがっこう》の六年間《ろくねんかん》。本《ほん》当《とう》にいろいろなことがあったな。その中《なか》でもクラスのみんなに伝《つた》えたい思《おも》い出《で》は……

森下《もりした》さん

思《おも》い出《で》を言葉《ことば》に＊

小学校《しょうがっこう》の六年間《ろくねんかん》で、あなたはどんなことが印象《いんしょう》に残《のこ》っていますか。学習《がくしゅう》や行事《ぎょうじ》、委員会活動《いいんかいかつどう》など、印象的《いんしょうてき》だった出来事《できごと》を**イメージマップ**を使《つか》って書《か》き出《だ》し、どの思《おも》い出《で》をクラスのみんなに伝《つた》えるか決《き》めましょう。

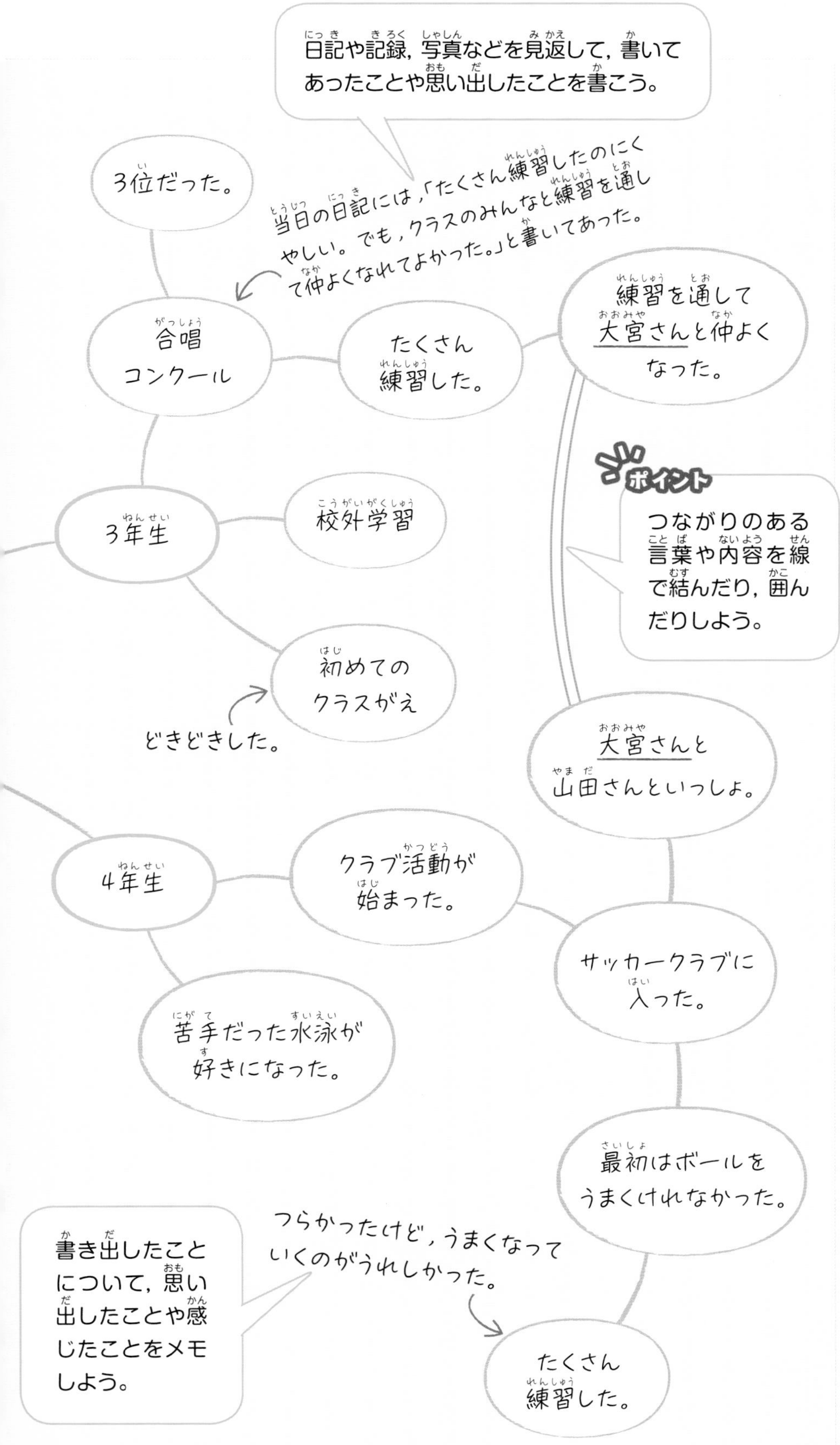
日記《にっき》や記録《きろく》，写真《しゃしん》などを見返《みかえ》して，書《か》いてあったことや思《おも》い出《だ》したことを書《か》こう。

3位《い》だった。

当日《とうじつ》の日記《にっき》には，「たくさん練習《れんしゅう》したのにくやしい。でも，クラスのみんなと練習《れんしゅう》を通《とお》して仲《なか》よくなれてよかった。」と書《か》いてあった。

合唱《がっしょう》コンクール
たくさん練習《れんしゅう》した。

練習《れんしゅう》を通《とお》して大宮《おおみや》さんと仲《なか》よくなった。

ポイント
つながりのある言葉《ことば》や内容《ないよう》を線《せん》で結《むす》んだり，囲《かこ》んだりしよう。

3年生《ねんせい》
校外学習《こうがいがくしゅう》
初《はじ》めてのクラスがえ
どきどきした。

大宮《おおみや》さんと山田《やまだ》さんといっしょ。

4年生《ねんせい》
クラブ活動《かつどう》が始《はじ》まった。

サッカークラブに入《はい》った。

苦手《にがて》だった水泳《すいえい》が好《す》きになった。

最初《さいしょ》はボールをうまくけれなかった。

つらかったけど，うまくなっていくのがうれしかった。

書《か》き出《だ》したことについて，思《おも》い出《だ》したことや感《かん》じたことをメモしよう。

たくさん練習《れんしゅう》した。

＊光村図書《みつむらとしょ》の国語教科書《こくごきょうかしょ》の教材名《きょうざいめい》に対応《たいおう》しています。

森下《もりした》さんが書《か》いた
イメージマップ

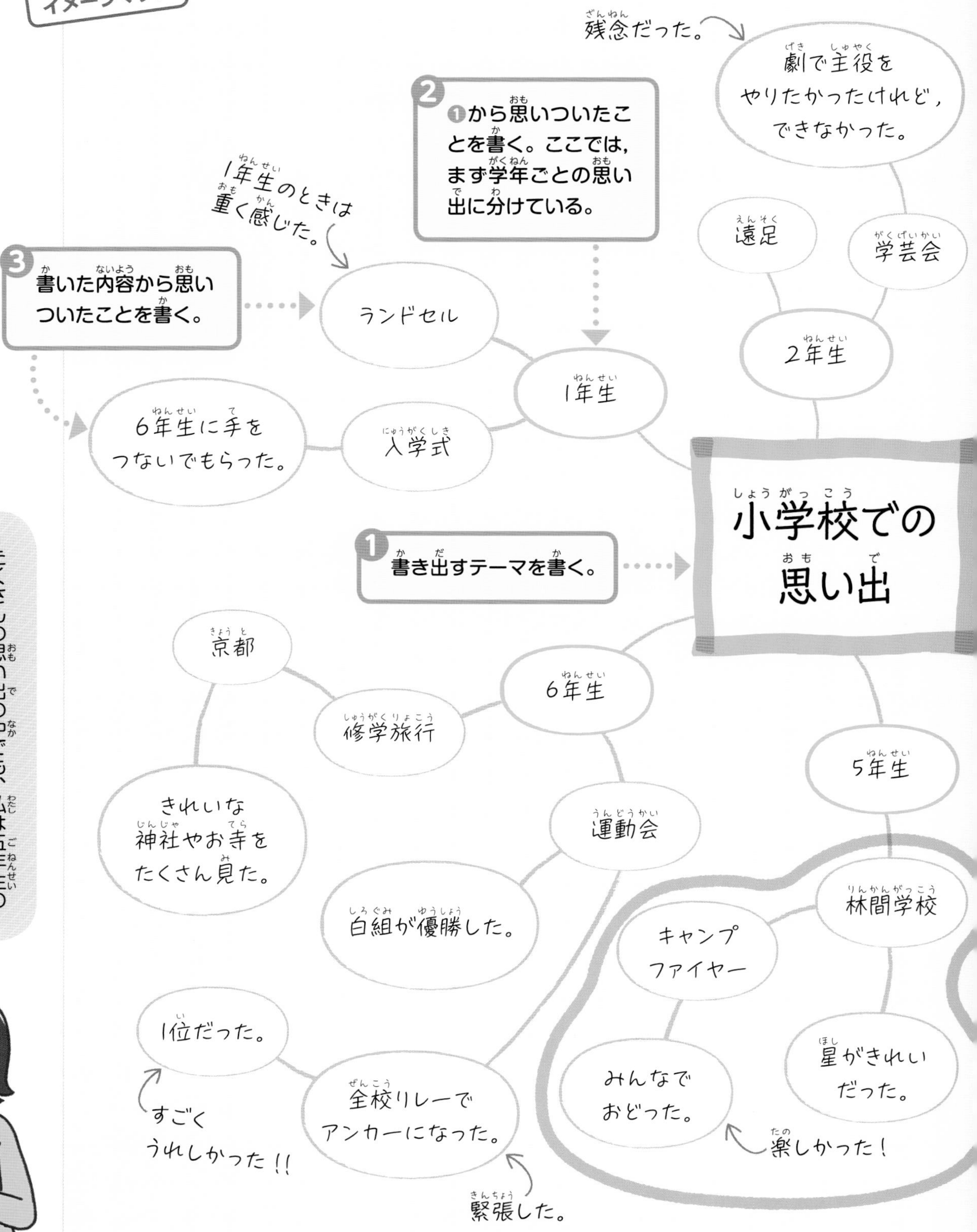
小学校《しょうがっこう》での思《おも》い出《で》
1 書《か》き出《だ》すテーマを書《か》く。
2 1から思《おも》いついたことを書《か》く。ここでは，まず学年《がくねん》ごとの思《おも》い出《で》に分《わ》けている。
3 書《か》いた内容《ないよう》から思《おも》いついたことを書《か》く。
1年生《ねんせい》
入学式《にゅうがくしき》
6年生《ねんせい》に手《て》をつないでもらった。
ランドセル
1年生《ねんせい》のときは重《おも》く感《かん》じた。
2年生《ねんせい》
遠足《えんそく》
学芸会《がくげいかい》
劇《げき》で主役《しゅやく》をやりたかったけれど，できなかった。
残念《ざんねん》だった。
5年生《ねんせい》
林間学校《りんかんがっこう》
キャンプファイヤー
みんなでおどった。
楽《たの》しかった！
星《ほし》がきれいだった。
6年生《ねんせい》
修学旅行《しゅうがくりょこう》
京都《きょうと》
きれいな神社《じんじゃ》やお寺《てら》をたくさん見《み》た。
運動会《うんどうかい》
白組《しろぐみ》が優勝《ゆうしょう》した。
全校《ぜんこう》リレーでアンカーになった。
緊張《きんちょう》した。
1位《い》だった。
すごくうれしかった!!

たくさんの思《おも》い出《で》の中《なか》でも、私《わたし》は五年生《ごねんせい》の林間学校《りんかんがっこう》の思《おも》い出《で》を伝《つた》えたい。きれいな星《ほし》空《ぞら》の下《した》で、みんなと楽《たの》しくダンスをおどったことが、とても印象的《いんしょうてき》だったんだ。

ニュースに親《した》しもう

社会《しゃかい》の出来事《できごと》や情報《じょうほう》は、新聞《しんぶん》やテレビ、ラジオ、インターネットなどのメディアを通《つう》じて、私《わたし》たちにニュースとして届《とど》けられます。日《ひ》ごろからニュースに親《した》しむことで、身《み》の回《まわ》りの問題《もんだい》や課題《かだい》が見《み》えてくることもあります。ここでは、ニュースとの関《かか》わり方《かた》や活用《かつよう》のしかたをしょうかいします。

ニュースを伝《つた》えるメディア

あなたは、毎日《まいにち》どのような形《かたち》でニュースに接《せっ》していますか。同《おな》じニュースでも、それを伝《つた》えるメディアの種類《しゅるい》によって、情報《じょうほう》の形式《けいしき》や、情報《じょうほう》を受《う》け取《と》れるタイミングなどは異《こと》なります。自分《じぶん》の生活《せいかつ》や興味《きょうみ》のある話題《わだい》に合《あ》わせて、それぞれのメディアを活用《かつよう》しましょう。

●新聞《しんぶん》

政治《せいじ》、経済《けいざい》、文化《ぶんか》など、さまざまな分野《ぶんや》のニュースがまとめられており、好《す》きな時間《じかん》に、興味《きょうみ》のある記事《きじ》を選《えら》んで読《よ》むことができる。くわしい分析《ぶんせき》や解説《かいせつ》がのっているため、一《ひと》つのニュースについて、深《ふか》く理解《りかい》したいときに向《む》いている。

ニュースを発信《はっしん》している側《がわ》は、出来事《できごと》や情報《じょうほう》のうち、重要《じゅうよう》だと考《かんが》える部分《ぶぶん》を選《えら》んだり、強調《きょうちょう》したりしてニュースを伝《つた》えているよ。ニュースを活用《かつよう》するときは、必《かなら》ず複数《ふくすう》の記事《きじ》や番組《ばんぐみ》を比《くら》べて、さまざまな見方《みかた》から出来事《できごと》や情報《じょうほう》をとらえるようにしよう。

●テレビのニュース番組《ばんぐみ》

映像《えいぞう》と音声《おんせい》を中心《ちゅうしん》にニュースを伝《つた》える。その瞬間《しゅんかん》に起《お》こっていることを、取材現場《しゅざいげんば》から中継《ちゅうけい》で伝《つた》えることもできる。分《わ》かりやすい言葉《ことば》や図《ず》が使《つか》われ、ニュースの大《おお》まかな内容《ないよう》を知《し》りたいときに向《む》いている。

●ラジオのニュース番組《ばんぐみ》

音声《おんせい》だけでニュースを伝《つた》えるため、何《なに》かをしながら聞《き》くことができる。ラジオの受信機《じゅしんき》は停電《ていでん》になっても電池《でんち》があれば動《うご》くため、災害時《さいがいじ》にも重要《じゅうよう》なニュースを受《う》け取《と》ることができる。

●インターネット上《じょう》のニュースサイト

多《おお》くが新聞《しんぶん》や、テレビのニュース番組《ばんぐみ》をもとに作《つく》られている。知《し》りたいニュースを、好《す》きなときに読《よ》んだり、見《み》たりできる。たくさんのニュースサイトがあり、一《ひと》つの出来事《できごと》に対《たい》するさまざまな見方《みかた》を知《し》ることができる。近年《きんねん》は、利用《りよう》する人《ひと》の興味《きょうみ》のある話題《わだい》や、ジャンルごとにニュースを集《あつ》めるニュースアプリも広《ひろ》く利用《りよう》されている。

ニュースを集《あつ》めよう

気《き》になったニュースは、記《き》事《じ》を切《き》り抜《ぬ》いたり、書《か》き取《と》ったりして記《き》録《ろく》しておきましょう。ニュースについて調《しら》べたことや、自《じ》分《ぶん》の感《かん》想《そう》なども書くようにすると、知《ち》識《しき》や考《かんが》えが深《ふか》まります。

ポイント

ニュースが発《はっ》信《しん》された日《ひ》付《づけ》を書《か》く。

二〇二〇年《ねんじゅうに》十二月《がつじゅういちにち》十一日（金《きん》）

ニュースを発《はっ》信《しん》したメディアを書《か》く。

朝《あさ》日《ひ》新《しん》聞《ぶん》（朝《ちょう》刊《かん》）　ちば首《しゅ》都《と》圏《けん》版《ばん》

新《しん》聞《ぶん》や印《いん》刷《さつ》した記《き》事《じ》をはる場《ば》合《あい》には，重《じゅう》要《よう》だと考《かんが》えた部《ぶ》分《ぶん》にマーカーを引《ひ》く。

新《しん》聞《ぶん》の場《ば》合《あい》：切《き》り抜《ぬ》いた記《き》事《じ》をはる。
テレビやラジオのニュース番《ばん》組《ぐみ》の場《ば》合《あい》：放《ほう》送《そう》された内《ない》容《よう》を要《よう》約《やく》して書《か》く。
ニュースサイトの場《ば》合《あい》：書《か》いてある内《ない》容《よう》を要《よう》約《やく》したり，記《き》事《じ》を印《いん》刷《さつ》してはったりする。

南房総の一部地区　下旬にも断水恐れ
小向ダムの貯水率31%に

南房総市和田地区にある上水道用の小向ダムの貯水量が減り、このまま降雨が無いと今月下旬にも一部で断水する恐れが出ている。管理する南房総市は水道を供給する千倉、和田、丸山の3地区の計8800世帯に節水を呼びかけると同時に、断水が予想される約3200世帯を対象に住民説明会を開く。

市によると、小向ダムの10日現在の貯水量は約16万1千㌧で貯水率は31・3%。20%を切ると断水を開始する予定。

小向ダムは今年6月から、老朽化した水門の更新工事を始めた。工事に支障ないように水位を下げる必要があったため、10月下旬に貯水率93・8%あったのを47・5%に下げて行った。11月は平均183・5㍉の降水量があるが、今年は37㍉。過去最少だった2014年の79㍉の半分に満たない少なさだった。

市は11月下旬、供給世帯の市民に洗車と風呂、洗濯などの節水を呼びかけた。今月3日には石井裕市長を本部長とする渇水対策本部会議を開き、「今後2、3カ月はまとまった降雨が期待できない」として、断水した場合の影響と対策を検討。9日には県水政課の担当者らも加えて第2回会議を開き、①断水回避のために可能な限り対策をとる②断水する場合、医療機関や学校などの給水を優先する③畜産・農業事業者などを支援する――を協議した。

市は小向ダムの現状と今後の見通し、対応策を知らせる住……開……明

渇水のため小向ダムの上流部では水底があらわになっていた＝10日午後1時ごろ、南房総市和田町上三原

ニュースの内《ない》容《よう》を短《みじか》い文《ぶん》章《しょう》にまとめる。ニュースのどんなところが大《たい》切《せつ》か，考《かんが》えて要《よう》約《やく》しよう。テレビやラジオ，ニュースサイトのニュースを要《よう》約《やく》している場《ば》合《あい》は，この項《こう》目《もく》はいらない。

要《よう》約《やく》

千《ち》葉《ば》県《けん》南《みなみ》房《ぼう》総《そう》市《し》にある小《こ》向《むかい》ダムの貯《ちょ》水《すい》量《りょう》が減《へ》っており、このままだと水《すい》道《どう》を供《きょう》給《きゅう》する地《ち》区《く》で断《だん》水《すい》のおそれがある。小《こ》向《むかい》ダムでは、水《すい》門《もん》の工《こう》事《じ》のために十《じゅう》月《がつ》に水《すい》位《い》を下《さ》げていた。ところが、十一月《じゅういちがつ》の降《こう》水《すい》量《りょう》が例《れい》年《ねん》の五《ご》分《ぶん》の一《いち》ていどしかなかったため、貯《ちょ》水《すい》量《りょう》が回《かい》復《ふく》しなかった。南《みなみ》房《ぼう》総《そう》市《し》は市《し》民《みん》に節《せっ》水《すい》をよびかけている。

調《しら》べたこと

断《だん》水《すい》とは……
水《すい》道《どう》の給《きゅう》水《すい》が止《と》まること。断《だん》水《すい》が実《じっ》施《し》されると、手《て》洗《あら》いや歯《は》みがき、料《りょう》理《り》、洗《せん》濯《たく》、お風《ふ》呂《ろ》、トイレなど、日《にち》常《じょう》生《せい》活《かつ》のさまざまな場《ば》面《めん》で水《みず》が使《つか》えなくなる。

感《かん》想《そう》

「断《だん》水《すい》」という言《こと》葉《ば》は、聞《き》いたことがあったけれど、水《みず》を自《じ》由《ゆう》に使《つか》えなくなることだと知《し》って、とてもおどろいた。いつも当《あ》たり前《まえ》に使《つか》っている水《みず》が使《つか》えなくなるなんて、想《そう》像《ぞう》できない。日《にっ》本《ぽん》での水《みず》不《ぶ》足《そく》について、もっと調《しら》べてみたいと思《おも》った。

ニュースに出《で》てきた言《こと》葉《ば》や出《で》来《き》事《ごと》などで，知《し》らないもの，より深《ふか》く知《し》りたいものを調《しら》べる。調《しら》べたことを短《みじか》い文《ぶん》章《しょう》にまとめよう。

ニュースについて自《じ》分《ぶん》が考《かんが》えたことや感《かん》じたことを書《か》く。

目的《もくてき》や条件《じょうけん》に応《おう》じて、計画的《けいかくてき》に話《はな》し合《あ》おう

―みんなで楽《たの》しく過《す》ごすために―

- ステップチャート
- ピラミッドチャート
- マトリックス
- 座標軸《ざひょうじく》
- フィッシュボーン

1 議題《ぎだい》を確《たし》かめ、目的《もくてき》や条件《じょうけん》をはっきりさせよう。

六年生《ろくねんせい》になると、学校《がっこう》や地域《ちいき》の行事《ぎょうじ》などで中心的《ちゅうしんてき》な役割《やくわり》を果《は》たす機会《きかい》が増《ふ》えます。話《はな》し合《あ》いでは、自分《じぶん》たちとは異《こと》なる学年《がくねん》や立場《たちば》の人《ひと》のことを考《かんが》えて結論《けつろん》を出《だ》すことが必要《ひつよう》になります。ここでは、縦割《たてわ》り集会《しゅうかい》でどんな遊《あそ》びをするかという議題《ぎだい》を例《れい》に、話《はな》し合《あ》いのしかたを見《み》ていきましょう。まずはクラス全体《ぜんたい》で、話《はな》し合《あ》いの議題《ぎだい》と目的《もくてき》、条件《じょうけん》を確《たし》かめます。

議題《ぎだい》 縦割《たてわ》り集会《しゅうかい》でどんな遊《あそ》びをするか

目的《もくてき》 他《ほか》の学年《がくねん》との交流《こうりゅう》を深《ふか》める

条件《じょうけん》
- 集会《しゅうかい》が開《ひら》かれるのは十月《じゅうがつ》〇日《にち》(水《すい》)の五時間目《ごじかんめ》
- 一年生《いちねんせい》から六年生《ろくねんせい》まで楽《たの》しめる
- 準備《じゅんび》が簡単《かんたん》
- けがをする危険《きけん》が少《すく》ない

縦割《たてわ》り集会《しゅうかい》では、一年生《いちねんせい》から六年生《ろくねんせい》の縦割《たてわ》り班《はん》を作《つく》って活動《かつどう》してきましたね。全《ぜん》学年《がくねん》の人《ひと》が満足《まんぞく》できる遊《あそ》びを決《き》められるように、目的《もくてき》と条件《じょうけん》を考《かんが》えましょう。

はい。縦割《たてわ》り集会《しゅうかい》の目的《もくてき》は、「他《ほか》の学年《がくねん》との交流《こうりゅう》を深《ふか》める」ことだと思《おも》います。ちがう学年《がくねん》どうしが交流《こうりゅう》を深《ふか》められるような遊《あそ》びをしたいです。

はい！　遊《あそ》んでいて、けがをしたら大変《たいへん》です。特《とく》に一《いち》、二年生《にねんせい》は転《ころ》んだり、ぶつかったりすることが多《おお》いと思《おも》うので、「けがをする危険《きけん》が少《すく》ない」を条件《じょうけん》にしてはどうでしょう。

2 進行計画《しんこうけいかく》を立《た》てよう。

クラスで議題《ぎだい》や目的《もくてき》、条件《じょうけん》を確《たし》かめたら、活動《かつどう》するグループごとに話《はな》し合《あ》いましょう。まずは、司会《しかい》や記録係《きろくがかり》などの役割《やくわり》を決《き》めます。そして、どんな内容《ないよう》をどれくらいの時間《じかん》をかけて話《はな》し合《あ》うか、**ステップチャート**を使《つか》って進行計画《しんこうけいかく》を立《た》てましょう。

まずは、班《はん》のみんなで意見《いけん》を出《だ》し合《あ》う必要《ひつよう》があるよね。
和田《わだ》さん
質問《しつもん》にはどれくらい時間《じかん》をかけようか。十分《じっぷん》でいいかな。
小島《こじま》さん
十分《じっぷん》もかけると、その後《あと》の考《かんが》えをまとめる話《はな》し合《あ》いに時間《じかん》をかけられなくなってしまうよ。五分《ごふん》くらいでいいんじゃないかな。
竹下《たけした》さん
そうだね。意見《いけん》を出《だ》し合《あ》った後《あと》は……それぞれの意見《いけん》について、疑問《ぎもん》に思《おも》ったことを質問《しつもん》し合《あ》う時間《じかん》が必要《ひつよう》だと思《おも》う。
朝川《あさかわ》さん

ステップチャート
順番《じゅんばん》を考《かんが》える　計画《けいかく》する

ポイント
司会《しかい》や記録係《きろくがかり》を決《き》めよう。

2班《はん》が書《か》いた
ステップチャート

考《かんが》えを広《ひろ》げる段階《だんかい》と，まとめる段階《だんかい》に分《わ》けて話《はな》し合《あ》おう。

2班《はん》進行計画《しんこうけいかく》

司会《しかい》：和田《わだ》かつみ
記録係《きろくがかり》：小島《こじま》ほのか

考《かんが》えを広《ひろ》げる
1 グループの一人一人《ひとりひとり》が自分《じぶん》の意見《いけん》を出《だ》す。（意見《いけん》をふせんに書《か》く。）　5分《ふん》
2 疑問《ぎもん》に思《おも》ったことを質問《しつもん》し合《あ》う。　5分《ふん》

考《かんが》えをまとめる
3 目的《もくてき》や条件《じょうけん》をもとに話《はな》し合《あ》い、仮《かり》の結論《けつろん》を出《だ》す。　10分《ぷん》
4 ためしに遊《あそ》んでみて、問題点《もんだいてん》がないかふり返《かえ》る。　10分《ぷん》
5 必要《ひつよう》があればさらに話《はな》し合《あ》って、最終的《さいしゅうてき》な結論《けつろん》を出《だ》す。

1 結論《けつろん》を出《だ》すために必要《ひつよう》なことを，順番《じゅんばん》を考《かんが》えながら書《か》く。

2 時間配分《じかんはいぶん》を決《き》める。

仮《かり》に出《だ》した結論《けつろん》について，ためす時間《じかん》を取《と》るようにしよう。

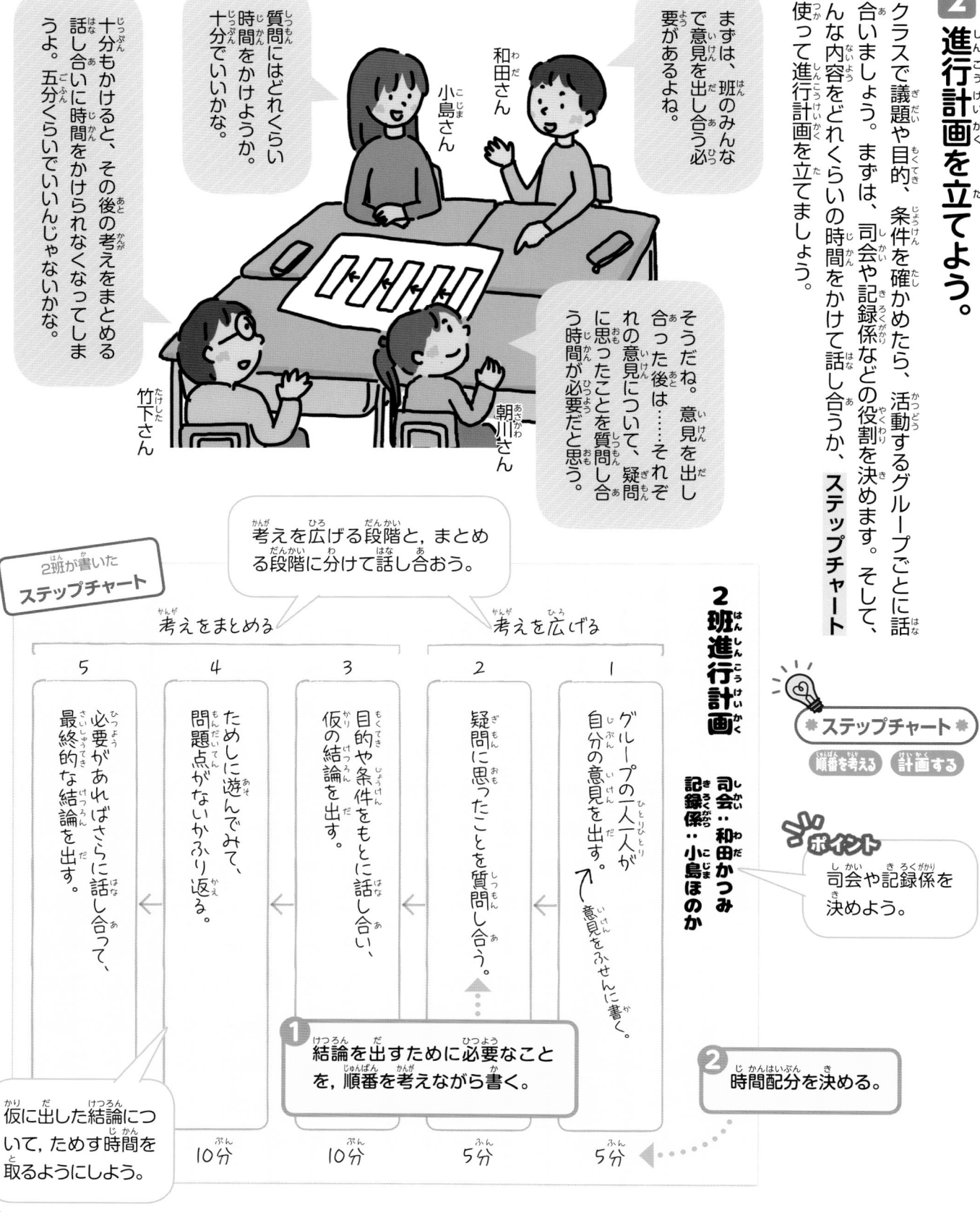

3 自分《じぶん》の考《かんが》えを明確《めいかく》にしよう。

1で決《き》めた目的《もくてき》や条件《じょうけん》をもとに、自分《じぶん》の意見《いけん》を整《せい》理《り》しましょう。**ピラミッドチャート**を活用《かつよう》して、自《じ》分《ぶん》の主張《しゅちょう》や理由《りゆう》、根拠《こんきょ》をはっきりさせます。

ピラミッドチャート

構成《こうせい》を考《かんが》える　具体的《ぐたいてき》にする

しっぽ取《と》りゲームはどうだろう。ただ、一年生《いちねんせい》と六年生《ろくねんせい》では身長《しんちょう》も足《あし》の速《はや》さもちがうから……みんなが楽《たの》しめるようにするには、高学年《こうがくねん》にハンデをつけないといけないよね。学年《がくねん》ごとにしっぽの長《なが》さを変《か》えたらどうかな。

小島《こじま》さん

ビニールひもで作《つく》った「しっぽ」を身《み》につけて，それを取《と》り合《あ》う遊《あそ》び。今回《こんかい》は2チームに分《わ》かれて遊《あそ》ぶ。しっぽを多《おお》く取《と》ったチームの勝《か》ち。

ポイント

遊《あそ》びのルールなど，話《はな》し合《あ》いのときに説明《せつめい》が必要《ひつよう》なものは，内容《ないよう》をメモしておこう。

しっぽの長《なが》さを，高学年《こうがくねん》ほど長《なが》く，低学年《ていがくねん》ほど短《みじか》くする。

しっぽの長《なが》さを変《か》えてハンデをつけることで，足《あし》の速《はや》さに関係《かんけい》なく全学《ぜんがく》年《ねん》が楽《たの》しめると思《おも》うから。

4 理由《りゆう》と根拠《こんきょ》を挙《あ》げたら，みんなにより納《なっ》得《とく》してもらえると思《おも》う理由《りゆう》を選《えら》ぶ。

高学年《こうがくねん》はしっぽを取《と》られやすく，低学年《ていがくねん》は取《と》られにくくなるので，対《たい》等《とう》に遊《あそ》ぶことができる。

高学年《こうがくねん》の人《ひと》も，低学《ていがく》年《ねん》の人《ひと》に気《き》をつかい過《す》ぎずにゲームを楽《たの》しむことができる。

小島《こじま》さんが書《か》いた
ピラミッドチャート

タイトル：縦割《たてわ》り集会《しゅうかい》で どんな遊《あそ》びをするか

❶ 目的《もくてき》と条件《じょうけん》に沿《そ》った主張《しゅちょう》をふせんに書《か》き，上段《じょうだん》にはる。

主張《しゅちょう》

しっぽ取《と》りゲームがよいと思う。

❷ どうして❶の主張《しゅちょう》をするのか，理由《りゆう》をふせんに書《か》き，中段《ちゅうだん》にはる。

理由《りゆう》

準備《じゅんび》が簡単《かんたん》だから。

低学年《ていがくねん》にとってもルールが分《わ》かりやすいと考《かんが》えられるため。

根拠《こんきょ》

❸ 主張《しゅちょう》や理由《りゆう》を支《ささ》える事実《じじつ》や体験《たいけん》などの具《ぐ》体的《たいてき》な事例《じれい》をふせんに書《か》き，下段《げだん》にはる。

必要《ひつよう》なものはビニールひもだけである。

「相手《あいて》のチームのしっぽを取《と》る」というルールが簡単《かんたん》。

自分《じぶん》が1年生《ねんせい》のとき2年生《ねんせい》といっしょに遊《あそ》んで楽《たの》しめた。

しっぽ取《と》りゲームがよいと思《おも》う理由《りゆう》のうち、みんなにより納得《なっとく》してもらえそうなのは……ルールが分《わ》かりやすいことと、ハンデをつけることでみんなが楽《たの》しめることだと思《おも》う。よし、これらをグループでの話《はな》し合《あ》いで提案《ていあん》しよう！

4 進行計画《しんこうけいかく》に沿《そ》って、グループで話《はな》し合《あ》おう。

【1】考《かんが》えを広《ひろ》げる話《はな》し合《あ》い

それぞれで意見《いけん》を整理《せいり》したら、グループで話《はな》し合《あ》いましょう。進《しん》行計画《こうけいかく》に沿《そ》って、時間《じかん》を意識《いしき》しながら話《はな》し合《あ》うようにします。まずはみんなで意見《いけん》を出《だ》し合《あ》いながら、**マトリックス**に整理《せいり》していきます。その後《ご》、疑問《ぎもん》に思《おも》ったことを質問《しつもん》したり、それぞれの意見《いけん》の利《り》点《てん》や問題点《もんだいてん》を出《だ》し合《あ》ったりしましょう。

マトリックス
分《わ》ける　比《くら》べる　整理《せいり》する

まずは、班《はん》のみんなで意見《いけん》を出《だ》し合《あ》います。一人《ひとり》一分《いっぷん》を目安《めやす》に、意見《いけん》を発表《はっぴょう》してください。

ポイント
司会《しかい》の人《ひと》は，話《はな》し合《あ》う順番《じゅんばん》や，かける時間《じかん》を確認《かくにん》しながら進行《しんこう》しよう。

私《わたし》は、学年《がくねん》に合《あ》わせてしっぽの長《なが》さを調整《ちょうせい》したしっぽ取《と》りゲームがよいと思《おも》います。理由《りゆう》は二《ふた》つあります。一《ひと》つ目《め》は、低学年《ていがくねん》にもルールが分《わ》かりやすいからです。「相手《あいて》チームのしっぽを取《と》る」という簡単《かんたん》なルールが分《わ》かれば遊《あそ》ぶことができます。また、……

発言《はつげん》をするときは，結論《けつろん》や主張《しゅちょう》を先《さき》に言《い》おう。

小島《こじま》さんに確認《かくにん》です。しっぽの長《なが》さを学年《がくねん》によって変《か》えるのは、高学年《こうがくねん》にハンデをつけるためという意図《いと》で、まちがいないですか。

主張《しゅちょう》の意図《いと》を確認《かくにん》しよう。

名前《なまえ》	主張《しゅちょう》	理由《りゆう》	根拠《こんきょ》
小島《こじま》さん	しっぽ取《と》りゲームがよいと思《おも》う。	低学年《ていがくねん》にとってもルールが分《わ》かりやすいと考《かんが》えられるため。 しっぽの長《なが》さを変《か》えてハンデをつけることで，足《あし》の速《はや》さに関係《かんけい》なく全学《ぜんがく》年《ねん》が楽《たの》しめると思《おも》うから。	「相手《あいて》のチームのしっぽを取《と》る」というルールが簡単《かんたん》。 自分《じぶん》が1年生《ねんせい》のとき2年生《ねんせい》といっしょに遊《あそ》んで楽《たの》しめた。 高学年《こうがくねん》はしっぽを取《と》られやすく，低学年《ていがくねん》は取《と》られにくくなるので，対《たい》等《とう》に遊《あそ》ぶことができる。 高学年《こうがくねん》の人《ひと》も，低学《ていがく》年《ねん》の人《ひと》に気《き》をつかい過《す》ぎずにゲームを楽《たの》しむことができる。
和田《わだ》さん	だるまさんが転《ころ》んだがよいと思《おも》う。	体力《たいりょく》に関係《かんけい》なく，低学年《ていがくねん》でも楽《たの》しめるから。 ルールの説《せつ》明《めい》に時間《じかん》がかからないから。	激《はげ》しく体《からだ》を動《うご》かす必要《ひつよう》がない。 みんなが遊《あそ》んだことがある遊《あそ》びである。
朝川《あさかわ》さん	何《なん》でもバスケットがよいと思《おも》う。	遊《あそ》びながらおたがいのことを知《し》ることがで	「○○が好《す》きな人《ひと》」などのお題《だい》にすることで おにごっこなどは，遊《あそ》んで楽《たの》しむだけ

1 横《よこ》の見出《みだ》しに「名前《なまえ》」「主張《しゅちょう》」「理由《りゆう》」「根拠《こんきょ》」「利点《りてん》」「問題《もんだい》点《てん》」「改善案《かいぜんあん》」を書《か》く。

2 縦《たて》の見出《みだ》しにグループの人《ひと》の名前《なまえ》を書《か》く。

3 「主張《しゅちょう》」「理由《りゆう》」「根拠《こんきょ》」のわくには，3で書《か》いたふせんをはりつける。

しっぽ取《と》りゲームは、二《ふた》チームに分《わ》かれて遊《あそ》ぶので、他学年《たがくねん》との交流《こうりゅう》が深《ふか》まるという利点《りてん》があると思《おも》います。ルールの説明《せつめい》に時間《じかん》がかからないので、遊《あそ》べる時間《じかん》が長《なが》く取《と》れるというよさもありますね。

それぞれの考《かんが》えの利点《りてん》を見《み》つけよう。

しっぽ取《と》りゲームは、しっぽの長《なが》さを調整《ちょうせい》するだけで、本当《ほんとう》に全学年《ぜんがくねん》が楽《たの》しめる遊《あそ》びになるのでしょうか。六年生《ろくねんせい》と一年生《いちねんせい》では体力《たいりょく》にも差《さ》があるので、低学年《ていがくねん》の人《ひと》はつかれてしまうと思《おも》います。

1で決《き》めた目的《もくてき》や条件《じょうけん》に沿《そ》って考《かんが》え，疑問《ぎもん》に思《おも》ったことを質問《しつもん》しよう。

確《たし》かに、そうですね。……例《たと》えば、他《ほか》の遊《あそ》びと組《く》み合《あ》わせたり、休憩時《きゅうけいじ》間《かん》を設《もう》けたりしてはどうでしょう。

質問《しつもん》をもとに考《かんが》え，改《かい》善案《ぜんあん》を提案《ていあん》しよう。

2班《はん》が書《か》いた
マトリックス

改善案《かいぜんあん》	問題点《もんだいてん》	利点《りてん》
地面《じめん》につかない長《なが》さにする。 他《ほか》の遊《あそ》びと組《く》み合《あ》わせる。 休憩時間《きゅうけいじかん》を設《もう》ける。	しっぽが長過《ながす》ぎると，何《なに》かに引《ひ》っかかるなどして転《ころ》ぶ可能性《かのうせい》がある。 低学年《ていがくねん》の人《ひと》がつかれてしまうかもしれない。	長《なが》い時間《じかん》遊《あそ》べる。 2チームに分《わ》かれて遊《あそ》ぶので，他学年《たがくねん》との交流《こうりゅう》が深《ふか》まる。
だるまさんの1日《にち》にして，変化《へんか》をつける。 他《ほか》の遊《あそ》びと組《く》み合《あ》わせる。	とちゅうであきてしまう人《ひと》が出《で》てきそう。	体力《たいりょく》や足《あし》の速《はや》さに関係《かんけい》なく楽《たの》しめる。 ルールが分《わ》かりやすい。
高学年《こうがくねん》の人《ひと》があらかじめ準備《じゅんび》し	準備《じゅんび》に時間《じかん》がかかる。	他《ほか》の学年《がくねん》との交流《こうりゅう》が深《ふか》まる。

4 「利点《りてん》」のわくにはその主《しゅ》張《ちょう》のよいところを書《か》く。

5 「問題点《もんだいてん》」のわくには，その主張《しゅちょう》の解決《かいけつ》すべき問題点《もんだいてん》を書《か》く。

6 「改善案《かいぜんあん》」のわくには，提《てい》案《あん》された改善案《かいぜんあん》を書《か》く。

【2】考《かんが》えをまとめる話《はな》し合《あ》い

意見《いけん》を出《だ》し合《あ》ったら、グループの考《かんが》えをまとめていきましょう。**1**で決《き》めた目的《もくてき》や条件《じょうけん》をもとに、それぞれの意見《いけん》を比《くら》べたり、評価《ひょうか》したりします。意見《いけん》を目的《もくてき》や条《じょう》件《けん》に合《あ》わせて改善《かいぜん》し、仮《かり》の結論《けつろん》を決《き》めましょう。

座標軸《ざひょうじく》

比《くら》べる　評価《ひょうか》する

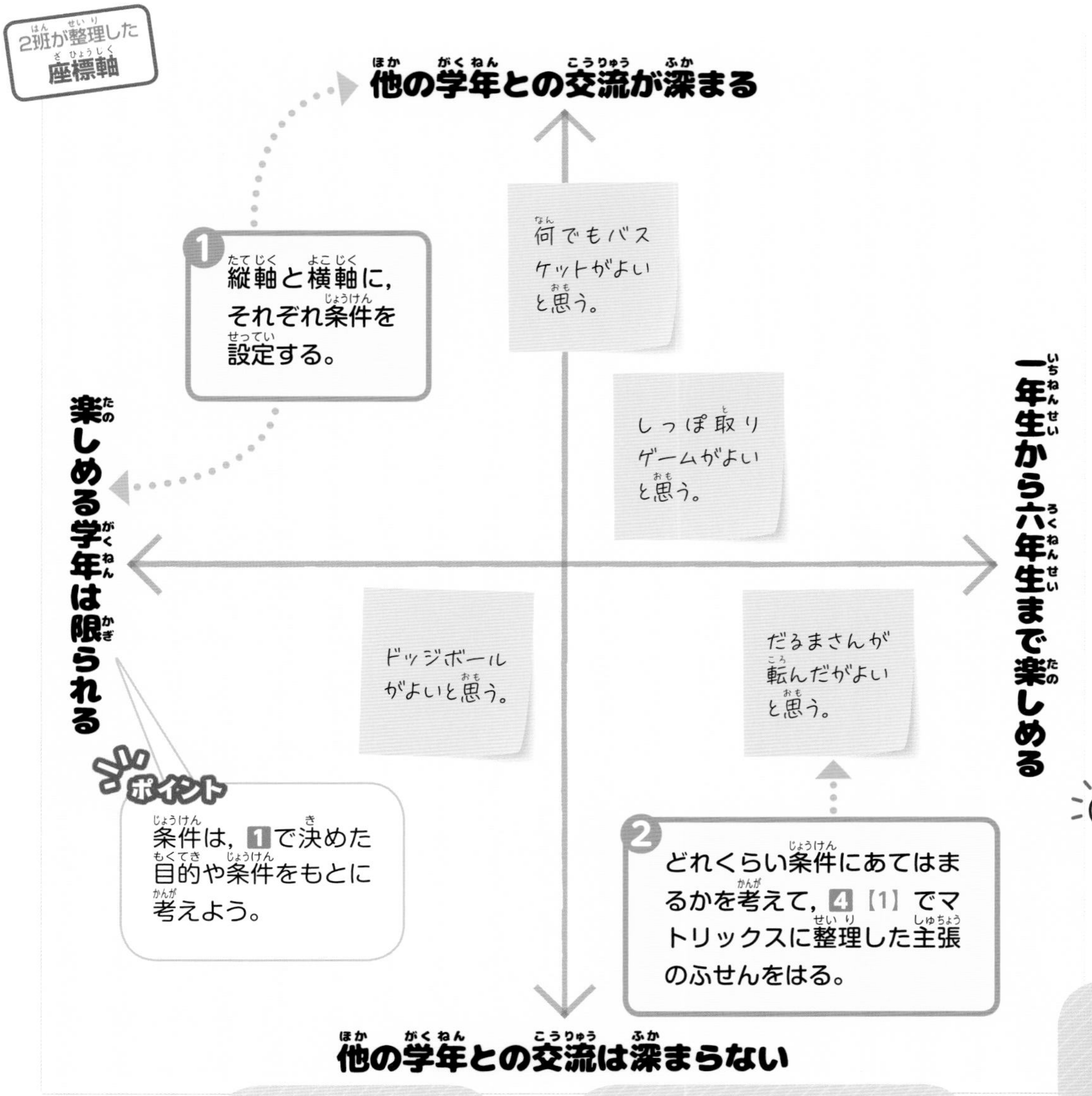

2班《はん》が整理《せいり》した
座標軸《ざひょうじく》
他《ほか》の学年《がくねん》との交流《こうりゅう》が深《ふか》まる
他《ほか》の学年《がくねん》との交流《こうりゅう》は深《ふか》まらない
一年生《いちねんせい》から六年生《ろくねんせい》まで楽《たの》しめる
楽《たの》しめる学年《がくねん》は限《かぎ》られる
1 縦軸《たてじく》と横軸《よこじく》に，それぞれ条件《じょうけん》を設定《せってい》する。
何《なん》でもバスケットがよいと思《おも》う。
しっぽ取《と》りゲームがよいと思《おも》う。
ドッジボールがよいと思《おも》う。
だるまさんが転《ころ》んだがよいと思《おも》う。
ポイント
条件《じょうけん》は，1で決《き》めた目的《もくてき》や条件《じょうけん》をもとに考《かんが》えよう。
2 どれくらい条件《じょうけん》にあてはまるかを考《かんが》えて，4【1】でマトリックスに整理《せいり》した主張《しゅちょう》のふせんをはる。

まずは縦割《たてわ》り集会《しゅうかい》の目的《もくてき》である「他《ほか》の学年《がくねん》との交流《こうりゅう》を深《ふか》める」と、遊《あそ》びの条件《じょうけん》に挙《あ》がった「一年生《いちねんせい》から六年生《ろくねんせい》まで楽《たの》しめる」の二《ふた》つをもとに、意見《いけん》を整理《せいり》してみたよ！
どの遊《あそ》びも、低学年《ていがくねん》でも楽《たの》しく遊《あそ》べるという点《てん》で共通《きょうつう》しているね。ただ、高学年《こうがくねん》の人《ひと》も楽《たの》しめるかどうかは、遊《あそ》びによって異《こと》なると思《おも》う。しっぽ取《と》りゲームは、ハンデをつけることで全学《ぜんがく》年《ねん》の人《ひと》が楽《たの》しめそうだね。二《ふた》チームに分《わ》かれて遊《あそ》ぶから、他《た》学年《がくねん》との交流《こうりゅう》も深《ふか》まりそう！
それぞれの意見《いけん》の共通点《きょうつうてん》や異《こと》なる点《てん》を見《み》つけよう。

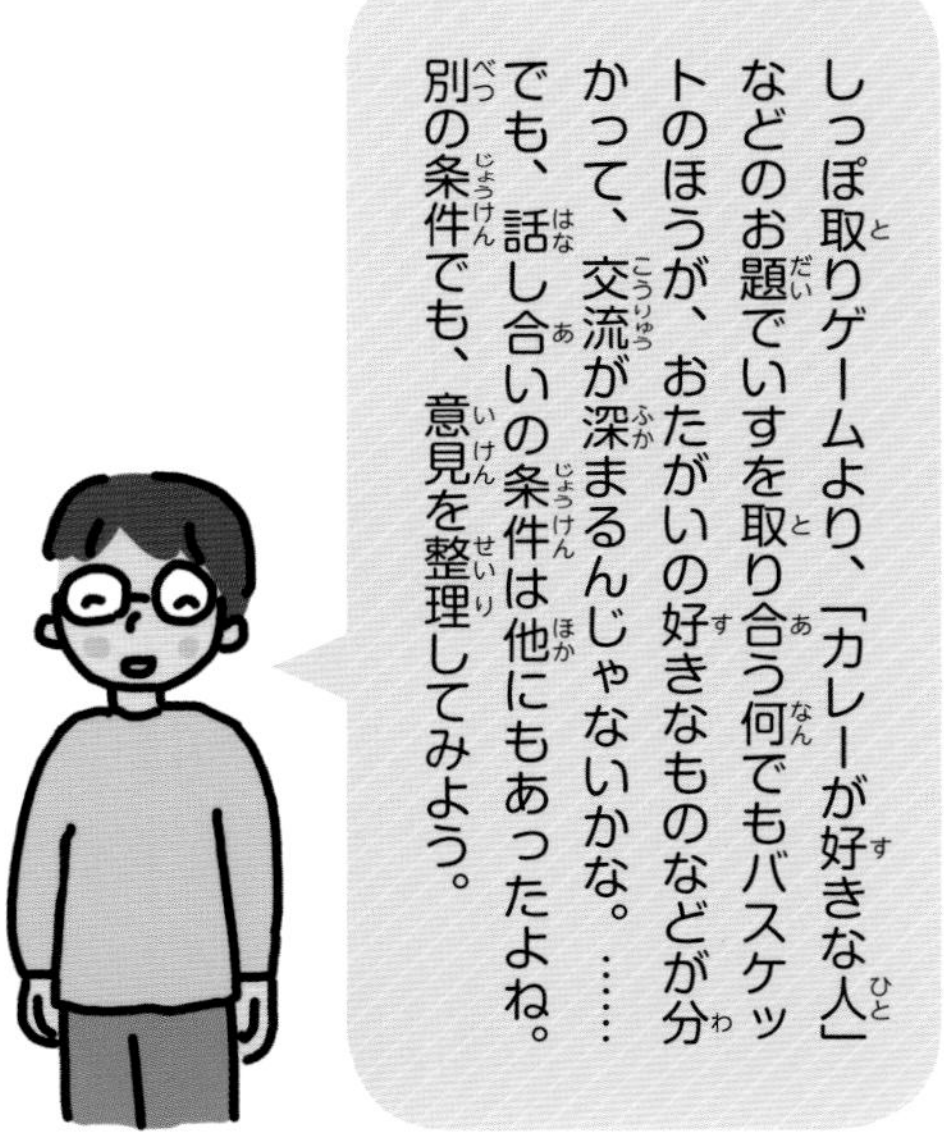

しっぽ取《と》りゲームより、「カレーが好《す》きな人《ひと》」などのお題《だい》でいすを取《と》り合《あ》う何《なん》でもバスケットのほうが、おたがいの好《す》きなものなどが分《わ》かって、交流《こうりゅう》が深《ふか》まるんじゃないかな。……でも、話《はな》し合《あ》いの条件《じょうけん》は他《ほか》にもあったよね。別《べつ》の条件《じょうけん》でも、意見《いけん》を整理《せいり》してみよう。

2班《はん》が整理《せいり》した座標軸《ざひょうじく》

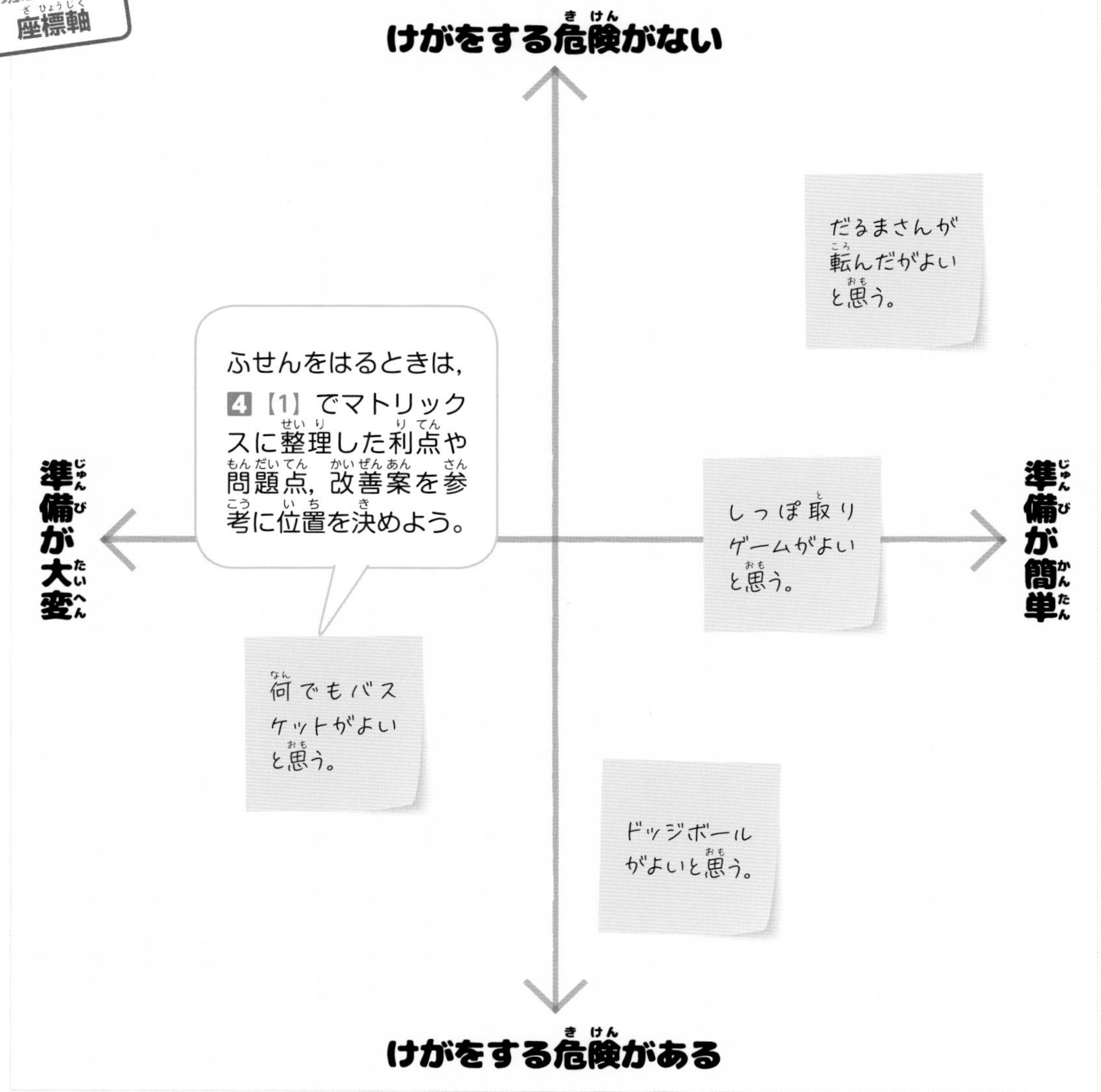
けがをする危険《きけん》がない
けがをする危険《きけん》がある
準備《じゅんび》が大変《たいへん》
準備《じゅんび》が簡単《かんたん》
だるまさんが転《ころ》んだがよいと思《おも》う。
しっぽ取《と》りゲームがよいと思《おも》う。
何《なん》でもバスケットがよいと思《おも》う。
ドッジボールがよいと思《おも》う。
ふせんをはるときは，4【1】でマトリックスに整理《せいり》した利点《りてん》や問題点《もんだいてん》，改善案《かいぜんあん》を参考《さんこう》に位置《いち》を決《き》めよう。

「準備《じゅんび》が簡単《かんたん》」と「けがをする危険《きけん》が少《すく》ない」という条件《じょうけん》で整理《せいり》すると、評価《ひょうか》が変《か》わってくるね。何《なん》でもバスケットは、いすを準備《じゅんび》する必要《ひつよう》があるし、移動《いどう》のときにぶつかってしまう危険《きけん》があるから、やめておいたほうがよいかもしれない。

だるまさんが転《ころ》んだは、道具《どうぐ》を準備《じゅんび》する必要《ひつよう》がないし、けがをする危険《きけん》も少《すく》ないね。ただ、あきてしまう人《ひと》が出《で》てきそうという問題点《もんだいてん》があったから……しっぽ取《と》りゲームと、だるまさんが転《ころ》んだを組《く》み合《あ》わせてはどうだろう。

問題点《もんだいてん》や改善点《かいぜんてん》を明確《めいかく》にして，よりよい結論《けつろん》を出《だ》すようにしよう。

和田《わだ》さんに賛成《さんせい》！　しっぽ取《と》りゲームを前半《ぜんはん》と後半《こうはん》に分《わ》けて、その間《あいだ》にだるまさんが転《ころ》んだを何回《なんかい》かやることにしようよ。それなら一年生《いちねんせい》から六年生《ろくねんせい》まで、最後《さいご》まであきずに楽《たの》しめると思《おも》う。みんなでためしてみよう！

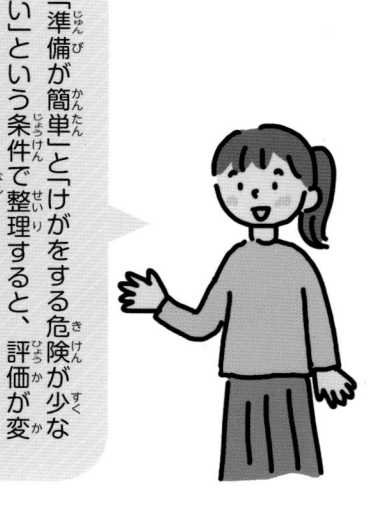

【3】改善《かいぜん》のための話《はな》し合《あ》い

仮《かり》の結論《けつろん》を出《だ》したら、決《き》まった内容《ないよう》を実際《じっさい》にためしてみましょう。うまくいかなかったところがあれば、**フィッシュボーン**でうまくいかなかった原因《げんいん》と、改善案《かいぜんあん》を考《かんが》えてみましょう。

フィッシュボーン

分《わ》ける　アイデア　見通《みとお》す

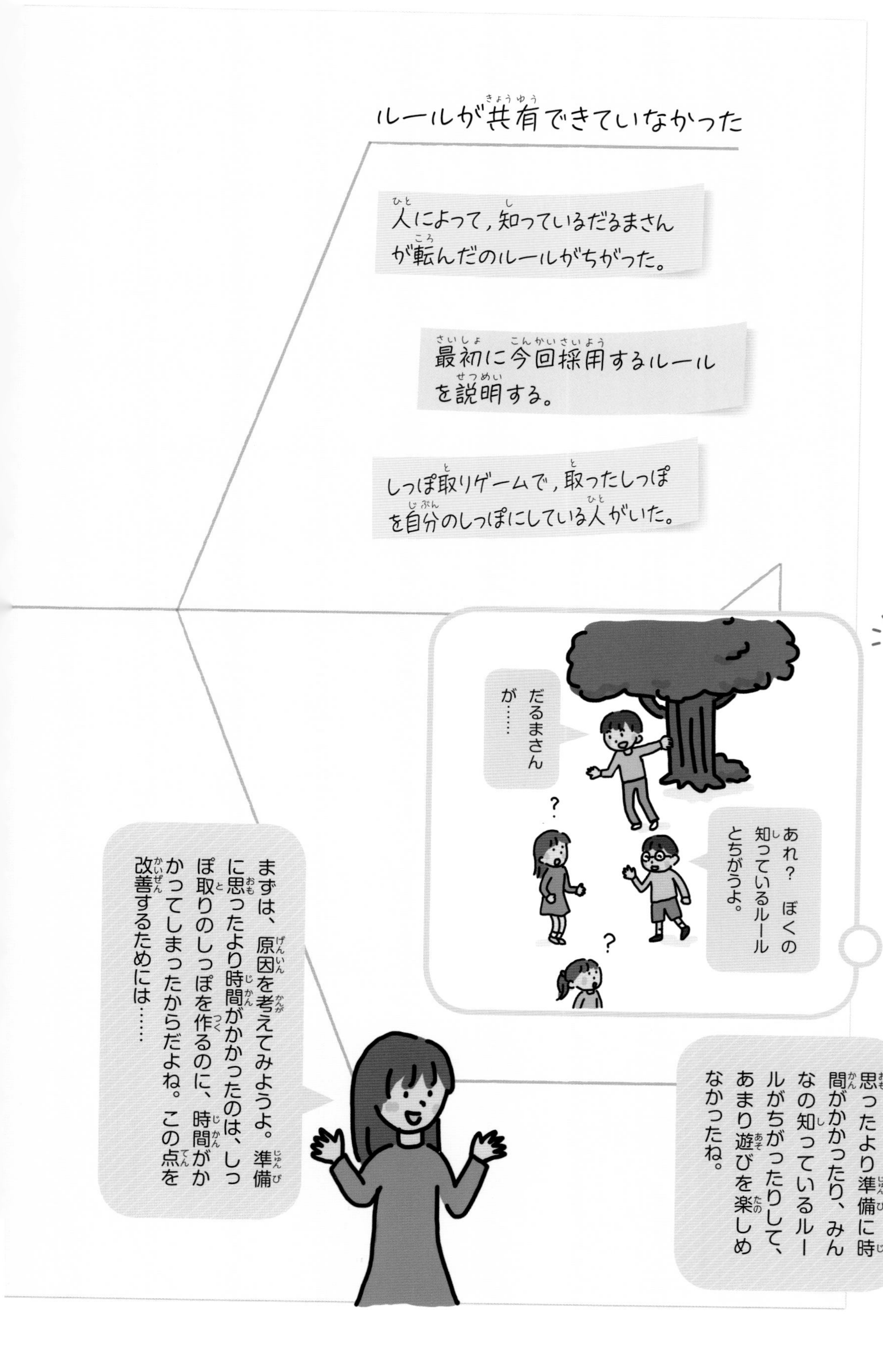
ルールが共有《きょうゆう》できていなかった
人《ひと》によって，知《し》っているだるまさんが転《ころ》んだのルールがちがった。

最初《さいしょ》に今回採用《こんかいさいよう》するルールを説明《せつめい》する。

しっぽ取《と》りゲームで，取《と》ったしっぽを自分《じぶん》のしっぽにしている人《ひと》がいた。

だるまさんが……

あれ？　ぼくの知《し》っているルールとちがうよ。

？

？

思《おも》ったより準備《じゅんび》に時《じ》間《かん》がかかったり、みんなの知《し》っているルールがちがったりして、あまり遊《あそ》びを楽《たの》しめなかったね。

まずは、原因《げんいん》を考《かんが》えてみようよ。準備《じゅんび》に思《おも》ったより時間《じかん》がかかったのは、しっぽ取《と》りのしっぽを作《つく》るのに、時間《じかん》がかかってしまったからだよね。この点《てん》を改善《かいぜん》するためには……

5 話《はな》し合《あ》ったことをクラスで共有《きょうゆう》し、感想《かんそう》を伝《つた》え合《あ》おう。

グループで話《はな》し合《あ》った結果《けっか》や感想《かんそう》を、他《ほか》のグループの人《ひと》と報告《ほうこく》し合《あ》いましょう。

2班《はん》が書《か》いた
フィッシュボーン

❶ 仮《かり》の結論《けつろん》をためした結果《けっか》や，出《で》てきた問題点《もんだいてん》を書《か》く。

❷ 何《なに》が原因《げんいん》かを書《か》く。

❸ ❷の理由《りゆう》やくわしい内容《ないよう》を書《か》く。

❹ ❸に対《たい》する改善《かいぜん》案《あん》を，別《べつ》の色《いろ》のふせんに書《か》く。

遊《あそ》びを楽《たの》しめなかった

準備《じゅんび》に時間《じかん》がかかった

しっぽ取《と》りのしっぽを作《つく》るのに，思《おも》ったより時間《じかん》がかかった。

遊《あそ》ぶ前《まえ》に準備《じゅんび》しておく。

進行《しんこう》がうまくできなかった

しっぽ取《と》りを前半後半《ぜんはんこうはん》に分《わ》けること，2つの遊《あそ》びをすることが分《わ》かりづらかった。

最初《さいしょ》に2つの遊《あそ》びをすることをはっきり伝《つた》える。

順番《じゅんばん》や時間配分《じかんはいぶん》を大《おお》きな紙《かみ》に書《か》いてそれを見《み》せながら説明《せつめい》する。

ぼくたちのグループは、こおりおにに決《き》めました。最初《さいしょ》はかくれんぼがよいと考《かんが》える人《ひと》が多《おお》かったのですが、話《はな》し合《あ》いをしていくうちに、一年生《いちねんせい》から六年生《ろくねんせい》まで楽《たの》しめるのはこおりおにだということになりました。
学年《がくねん》によって足《あし》の速《はや》さや体力《たいりょく》はちがうので、みんなができる遊《あそ》びを考《かんが》えるのは難《むずか》しかったです。でも、目的《もくてき》や条件《じょうけん》を意識《いしき》して話《はな》し合《あ》ったことで、よりよい結論《けつろん》が出《だ》せたと思《おも》います。

ピラミッドチャート

構成《こうせい》を考《かんが》える　具体的《ぐたいてき》にする

ピラミッドチャートは、主張《しゅちょう》を明《あき》らかにしたり、主張《しゅちょう》を伝《つた》える文章《ぶんしょう》の構成《こうせい》を考《かんが》えるのに便利《べんり》です。ここでは主張《しゅちょう》を支《ささ》える事例《じれい》を挙《あ》げ、自分《じぶん》の考《かんが》えをまとめるときに使《つか》う例《れい》をしょうかいします。

私《わたし》は、昼休《ひるやす》みは長《なが》いほうがいいと思《おも》う。昼休《ひるやす》みが長《なが》いと、私《わたし》たちにとってどんなよいことがあるかな。
小島《こじま》さん

主張《しゅちょう》と事例《じれい》＊

何《なに》かを主張《しゅちょう》するときには、相手《あいて》が納得《なっとく》できるような事例《じれい》を挙《あ》げることが必要《ひつよう》です。「昼休《ひるやす》みは長《なが》いほうがいいか、短《みじか》いほうがいいか。」をテーマに、**ピラミッドチャート**を使《つか》って自分《じぶん》の主張《しゅちょう》と、それを支《ささ》える事例《じれい》を整理《せいり》してみましょう。

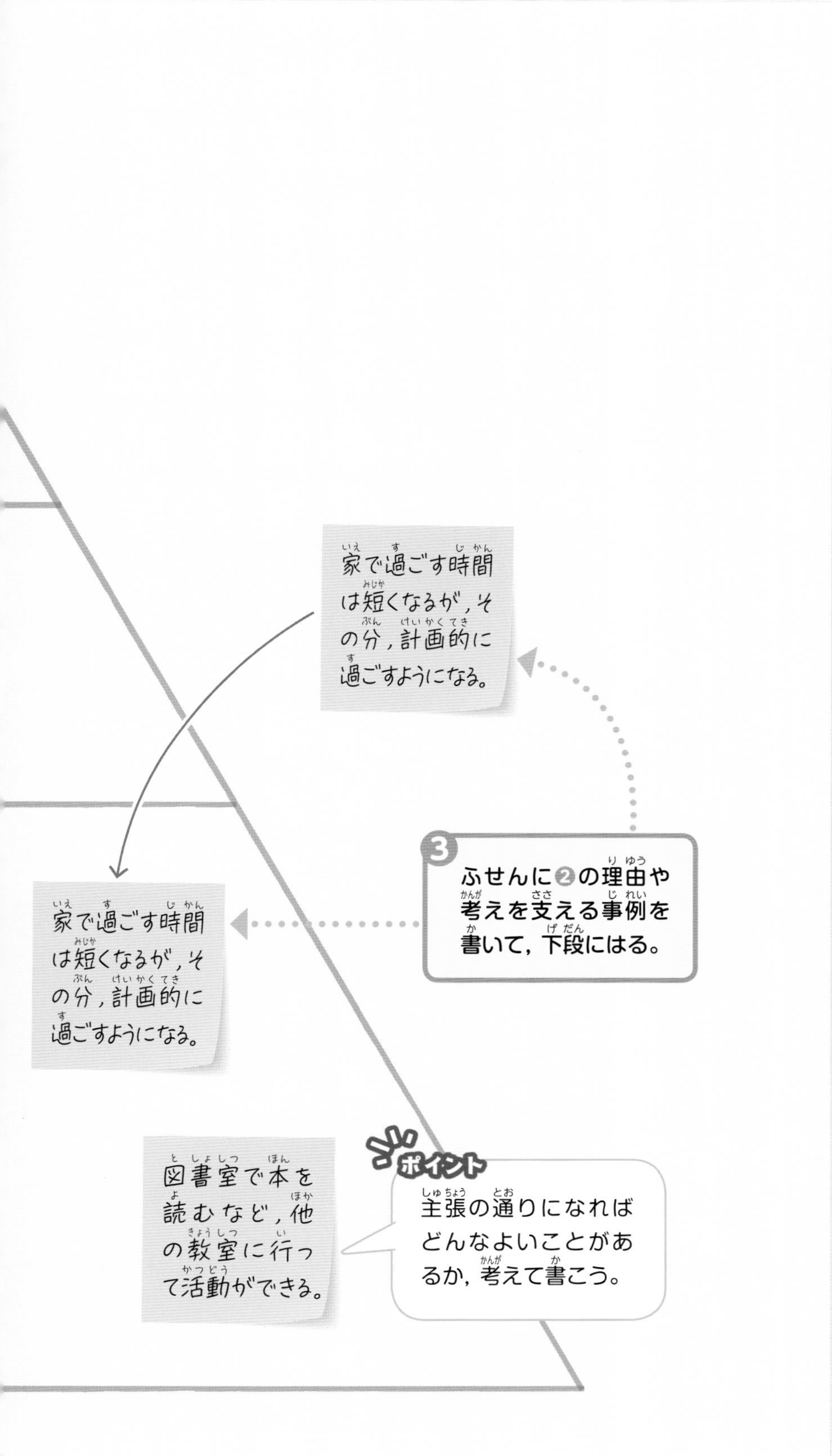
家《いえ》で過《す》ごす時間《じかん》は短《みじか》くなるが，その分《ぶん》，計画的《けいかくてき》に過《す》ごすようになる。
3 ふせんに2の理由《りゆう》や考《かんが》えを支《ささ》える事例《じれい》を書《か》いて，下段《げだん》にはる。
家《いえ》で過《す》ごす時間《じかん》は短《みじか》くなるが，その分《ぶん》，計画的《けいかくてき》に過《す》ごすようになる。
ポイント
主張《しゅちょう》の通《とお》りになればどんなよいことがあるか，考《かんが》えて書《か》こう。
図書室《としょしつ》で本《ほん》を読《よ》むなど，他《ほか》の教室《きょうしつ》に行《い》って活動《かつどう》ができる。

＊光村図書《みつむらとしょ》の国語教科書《こくごきょうかしょ》の教材名《きょうざいめい》に対応《たいおう》しています。

小島《こじま》さんが書《か》いた
ピラミッドチャート

タイトル：昼休《ひるやす》みは長《なが》いほうがいいか，短《みじか》いほうがいいか

主張《しゅちょう》

❶ 上段《じょうだん》に自分《じぶん》の主張《しゅちょう》を書《か》く。

昼休《ひるやす》みは長《なが》いほうがいい。

理由《りゆう》

❷ 中段《ちゅうだん》に❶の主張《しゅちょう》を支《ささ》える理由《りゆう》や考《かんが》えを書《か》く。

学校《がっこう》での自由《じゆう》な時間《じかん》が増《ふ》えれば，有意義《ゆういぎ》に時間《じかん》を使《つか》うことができる

根拠《こんきょ》となる事例《じれい》

- 校庭《こうてい》で遊《あそ》べる時間《じかん》が増《ふ》える。
- 他《ほか》のクラスや学年《がくねん》の人《ひと》と交流《こうりゅう》する機《き》会《かい》が増《ふ》える。
- 学校《がっこう》で友達《ともだち》と過《す》ごす時間《じかん》が増《ふ》える。
- 家《いえ》ではだらだら過《す》ごしてしまうが，学《がっ》校《こう》にいればいろいろなことができる。

私《わたし》は、昼休《ひるやす》みは長《なが》いほうがいいと思《おも》います。それは、昼休《ひるやす》みが長《なが》ければ、学《がっ》校《こう》で有意義《ゆういぎ》に時間《じかん》を使《つか》うことができるからです。例《たと》えば、学校《がっこう》で友達《ともだち》と過《す》ごす時間《じかん》が増《ふ》えます。また、……

※❶→❷→❸の順番《じゅんばん》は、❸→❷→❶となることもあります。

ベン図《ず》

比《くら》べる　分《わ》ける

ベン図《ず》は複数《ふくすう》の意見《いけん》や物事《ものごと》、立場《たちば》などについて、共通点《きょうつうてん》と異《こと》なる点《てん》を整理《せいり》し、比《くら》べるために使《つか》います。ここでは二《ふた》つの意見《いけん》を比《くら》べるときの例《れい》をしょうかいします。

聞《き》いて、考《かんが》えを深《ふか》めよう＊

あるテーマについて賛成《さんせい》・反対《はんたい》の立場《たちば》で話《はな》し合《あ》うときには、二《ふた》つの立場《たちば》の共通点《きょうつうてん》と異《こと》なる点《てん》を整理《せいり》することが大切《たいせつ》です。「スポーツ観戦《かんせん》は、テレビより競技場《きょうぎじょう》がよい。」というテーマについて、**ベン図《ず》**で賛成《さんせい》・反対《はんたい》の立場《たちば》の意見《いけん》を整理《せいり》し、比《くら》べてみましょう。

ぼくは「テレビより競技場《きょうぎじょう》がよい」には反対《はんたい》だな。テレビなら気軽《きがる》に観戦《かんせん》できるし、実況《じっきょう》があるから試合《しあい》の流《なが》れも分《わ》かりやすいよ。

私《わたし》は賛成《さんせい》だよ。競技場《きょうぎじょう》に行《い》くと、観客《かんきゃく》のみんなで盛《も》り上《あ》がれるんだ。あの一体感《いったいかん》は、テレビでは味《あじ》わえないと思《おも》う。

反対《はんたい》
（テレビがよい。）

ポイント
自分《じぶん》の立場《たちば》とどんなちがいがあるか，比《くら》べてみよう。

録画《ろくが》すれば好《す》きな時間《じかん》に観戦《かんせん》することができる。

家《いえ》で気軽《きがる》に観戦《かんせん》することができる。

解説《かいせつ》や実況《じっきょう》があるので，よく知《し》らない競技《きょうぎ》でも楽《たの》しめる。

選手《せんしゅ》の動《うご》きをアップで見《み》られる。

竹下《たけした》さんのふせん

得点《とくてん》の瞬間《しゅんかん》などの見所《みどころ》が何度《なんど》も放映《ほうえい》される。

立場《たちば》によってふせんの色《いろ》を変《か》えよう。
竹下《たけした》さん：青《あお》
小島《こじま》さん：ピンク

＊光村図書《みつむらとしょ》の国語教科書《こくごきょうかしょ》の教材名《きょうざいめい》に対応《たいおう》しています。

小島《こじま》さんと竹下《たけした》さんが書《か》いた
ベン図《ず》

テーマ：スポーツ観戦《かんせん》は，テレビより競技場《きょうぎじょう》がよい。

1 円《えん》の上《うえ》に「賛成《さんせい》」「反対《はんたい》」を書《か》く。

賛成《さんせい》
（競技場《きょうぎじょう》がよい。）

テレビで映《うつ》されない部《ぶ》分《ぶん》も見《み》ることができる。

屋台《やたい》やイベントなど，競《きょう》技以外《ぎいがい》の楽《たの》しみがある。

解説《かいせつ》や実況《じっきょう》，コマーシャルなどがないので，観《かん》戦《せん》に集中《しゅうちゅう》できる。

小島《こじま》さんのふせん

他《ほか》の観客《かんきゃく》といっしょに盛《も》り上《あ》がる一《いっ》体感《たいかん》がある。

共通点《きょうつうてん》

選手《せんしゅ》のがん
ばりから，感《か》
動《どう》や元気《げんき》
もらえる。

家族《かぞく》や友達《ともだち》，チームのファンなどとスポーツを通《つう》じて仲《なか》よくなれる。

2 それぞれの立場《たちば》の意見《いけん》をふせんに書《か》き出《だ》してはる。

3 二《ふた》つの立場《たちば》に共通《きょうつう》の意見《いけん》は，円《えん》が重《かさ》なり合《あ》う部分《ぶぶん》にはる。

賛成《さんせい》、反対《はんたい》の立場《たちば》の意見《いけん》を整理《せいり》してみたよ。異《こと》なる点《てん》もたくさんあるけれど、スポーツを通《つう》じて感動《かんどう》を味《あじ》わえるという部《ぶ》分《ぶん》は、同《おな》じだね。二《ふた》つの立場《たちば》の意見《いけん》を比《くら》べながら、考《かんが》えを深《ふか》めていこう！

反対意見《はんたいいけん》を伝《つた》えるときには

授業《じゅぎょう》や学級活動《がっきゅうかつどう》、日常生活《にちじょうせいかつ》などで話《はな》し合《あ》うときには、相手《あいて》とは反対《はんたい》の意見《いけん》や異《こと》なる考《かんが》えを伝《つた》えなければならないこともあります。自分《じぶん》の意見《いけん》をしっかり受《う》けとめてもらうために、どんなことに気《き》をつける必要《ひつよう》があるか考《かんが》えてみましょう。

●相手《あいて》の意見《いけん》を尊重《そんちょう》する

人《ひと》によって考《かんが》え方《かた》や意見《いけん》が異《こと》なるのは、当然《とうぜん》のことです。自《じ》分《ぶん》の意見《いけん》のほうがよいと考《かんが》えたり、相手《あいて》の意見《いけん》がまちがっていると決《き》めつけたりするのはやめましょう。さまざまな意見《いけん》をもつ人《ひと》が集《あつ》まり、自由《じゆう》に話《はな》し合《あ》うからこそ、よりよい結論《けつろん》を導《みちび》くことができるのです。相手《あいて》を尊重《そんちょう》し、意見《いけん》をしっかり聞《き》くよう心《こころ》がけましょう。

縦割《たてわ》り集会《しゅうかい》では、ボールを使《つか》わない遊《あそ》びをするほうがいいと思《おも》うな。

和田《わだ》さん
そうなんだ。私《わたし》はボール遊《あそ》びがいいと思《おも》っているんだ。和《わ》田《だ》さんがどうしてそう考《かんが》えたのか、理由《りゆう》を知《し》りたいな。

ボールを使《つか》わない遊《あそ》びなんて、つまらないよ。私《わたし》の意《い》見《けん》はね……

小島《こじま》さん

●言葉《ことば》や表現《ひょうげん》を考《かんが》える

相手《あいて》と反対《はんたい》の意見《いけん》や異《こと》なる考《かんが》えを伝《つた》えるときには、自分《じぶん》の意見《いけん》を冷静《れいせい》に受《う》けとめてもらえるよう、相手《あいて》にいやな思《おも》いをさせない言《い》い方《かた》をするようにします。ただし、表現《ひょうげん》があいまい過《す》ぎると、自分《じぶん》の意見《いけん》が正確《せいかく》に伝《つた》わらない場合《ばあい》もあるので、注意《ちゅうい》しましょう。

一《いち》、二年生《にねんせい》がボールでけがをしたらかわいそうだから、ボールを使《つか》った遊《あそ》びはさけるべきだと思《おも》う。
理由《りゆう》がおかしいと思《おも》う。ボールでけがをする危険《きけん》があるからさわらせないなんて、低学年《ていがくねん》の子《こ》たちがかわいそう。
確《たし》かにそうだと思《おも》うよ。ただ、低学年《ていがくねん》の子《こ》たちのことを考《かんが》えると、ちょっと……完全《かんぜん》に反対《はんたい》ってわけじゃなくて……
低学年《ていがくねん》の子《こ》への思《おも》いやりが感《かん》じられる理由《りゆう》だね。ただ、けがをする危険《きけん》があるという理由《りゆう》でボールを使《つか》った遊《あそ》びをさけるのは、低学年《ていがくねん》の子《こ》たちにとって本当《ほんとう》にいいことなのかな。

●共通点《きょうつうてん》と異《こと》なる点《てん》を明確《めいかく》にする

相手《あいて》と自分《じぶん》の意見《いけん》はどこが同《おな》じで、どこが異《こと》なるのか、できるだけ具体的《ぐたいてき》に考《かんが》え、整理《せいり》しましょう。そして異《こと》なる点《てん》のうち、それぞれがゆずれないと考《かんが》えていること、ゆずってもいいと考《かんが》えていることをはっきりさせます。おたがいの意見《いけん》を取《と》り入《い》れて、新《あたら》しい案《あん》を出《だ》してもいいですね。

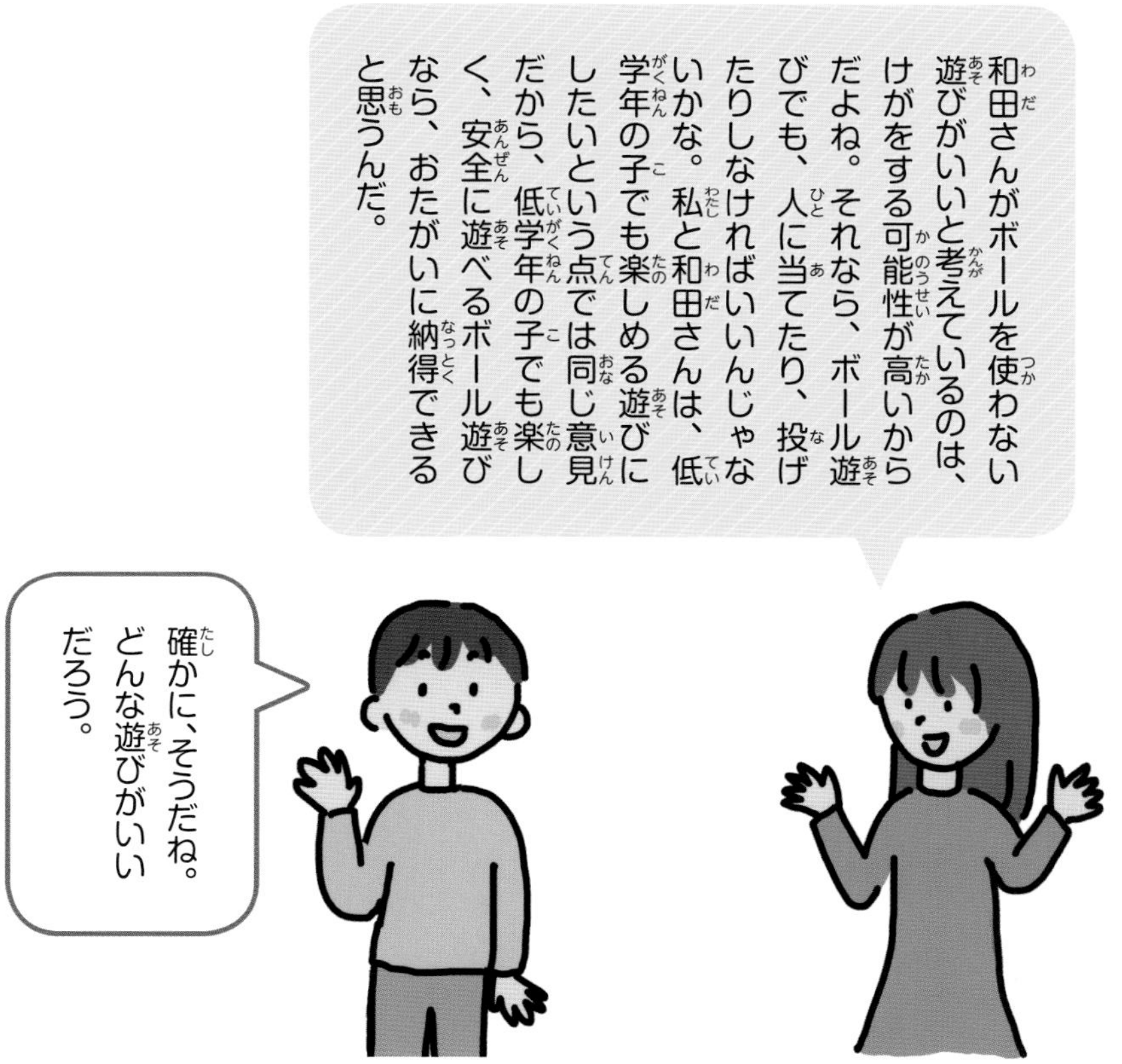
和田《わだ》さんがボールを使《つか》わない遊《あそ》びがいいと考《かんが》えているのは、けがをする可能性《かのうせい》が高《たか》いからだよね。それなら、ボール遊《あそ》びでも、人《ひと》に当《あ》てたり、投《な》げたりしなければいいんじゃないかな。私《わたし》と和田《わだ》さんは、低《てい》学年《がくねん》の子《こ》でも楽《たの》しめる遊《あそ》びにしたいという点《てん》では同《おな》じ意見《いけん》だから、低学年《ていがくねん》の子《こ》でも楽《たの》しく、安全《あんぜん》に遊《あそ》べるボール遊《あそ》びなら、おたがいに納得《なっとく》できると思《おも》うんだ。
確《たし》かに、そうだね。どんな遊《あそ》びがいいだろう。

●表情《ひょうじょう》や口調《くちょう》に注意《ちゅうい》する

意見《いけん》を伝《つた》えるとき、表情《ひょうじょう》や口調《くちょう》、身《み》ぶりによって印象《いんしょう》は大《おお》きく変《か》わります。怒《おこ》っているときや、きげんが悪《わる》いときのようにふるまうと、相手《あいて》に悪《わる》い印象《いんしょう》をあたえてしまい、意見《いけん》も伝《つた》わりづらくなります。反対《はんたい》の意見《いけん》や、否定的《ひていてき》な意見《いけん》を伝《つた》えるときには、特《とく》に気《き》をつけるようにしましょう。

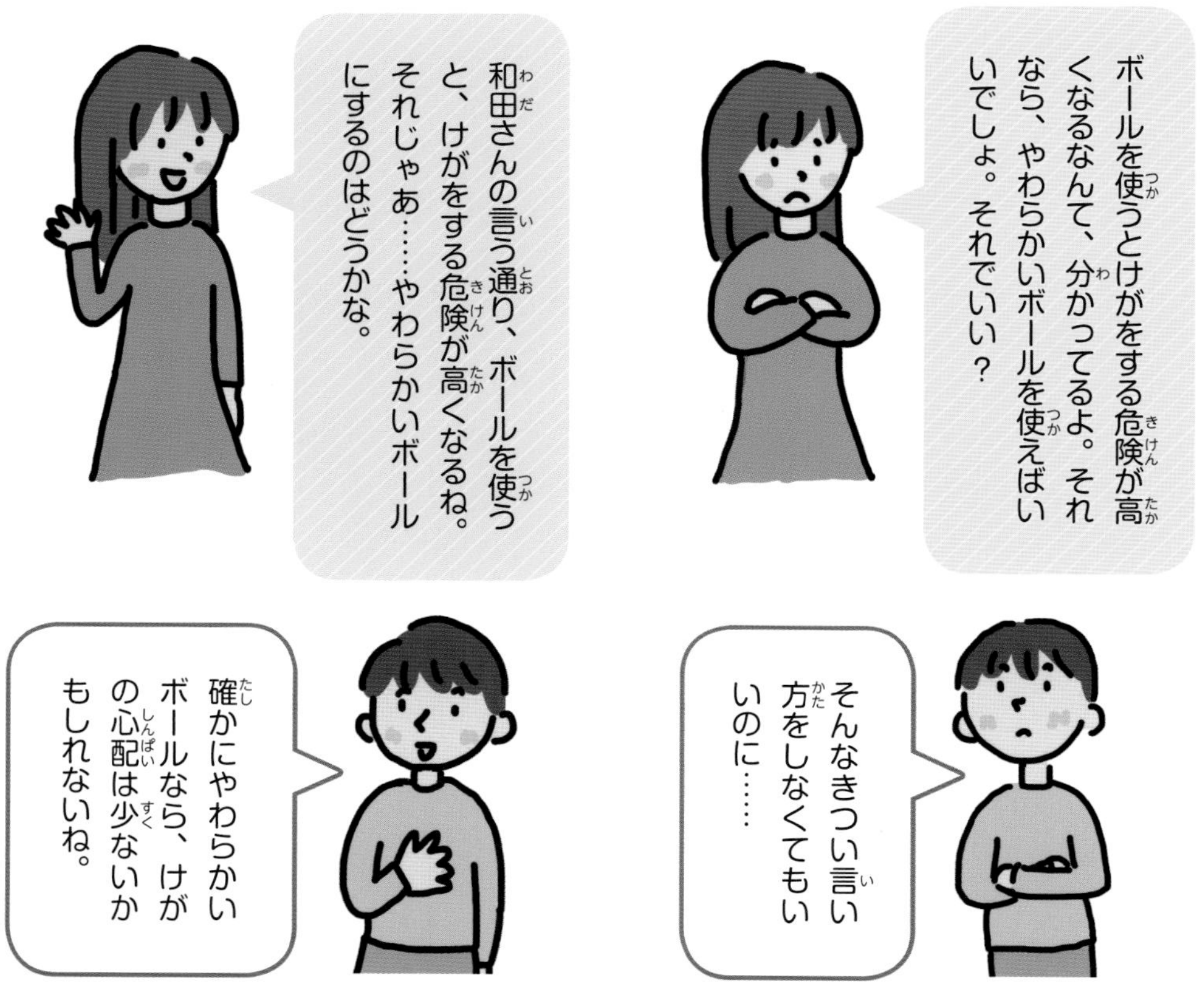
ボールを使《つか》うとけがをする危険《きけん》が高《たか》くなるなんて、分《わ》かってるよ。それなら、やわらかいボールを使《つか》えばいいでしょ。それでいい？
そんなきつい言《い》い方《かた》をしなくてもいいのに……
和田《わだ》さんの言《い》う通《とお》り、ボールを使《つか》うと、けがをする危険《きけん》が高《たか》くなるね。それじゃあ……やわらかいボールにするのはどうかな。
確《たし》かにやわらかいボールなら、けがの心配《しんぱい》は少《すく》ないかもしれないね。

3 伝《つた》えたいことに合《あ》わせた構成《こうせい》を考《かんが》える

ー日本文化《にほんぶんか》を発信《はっしん》しようー

- イメージマップ
- カードと囲《かこ》み
- マトリックス
- ピラミッドチャート
- ステップチャート
- クラゲチャート

1 題材《だいざい》を決《き》めて、構想《こうそう》を練《ね》ろう。

【1】題材《だいざい》の案《あん》を出《だ》す。

日本《にっぽん》の伝統的《でんとうてき》な文化《ぶんか》について、もっとよく知《し》りたいと思《おも》ったことはありませんか。日本文化《にほんぶんか》について調《しら》べ、そのよさを伝《つた》えるパンフレットを作《つく》りましょう。まずはグループで、取《と》り上《あ》げるテーマの案《あん》について話《はな》し合《あ》い、**イメージマップ**に書《か》き出《だ》します。

イメージマップ

広《ひろ》げる　つなげる　アイデア

ポイント

つながりのある言葉《ことば》を線《せん》で結《むす》んだり，まとめたりして，つながりに名前《なまえ》をつけよう。

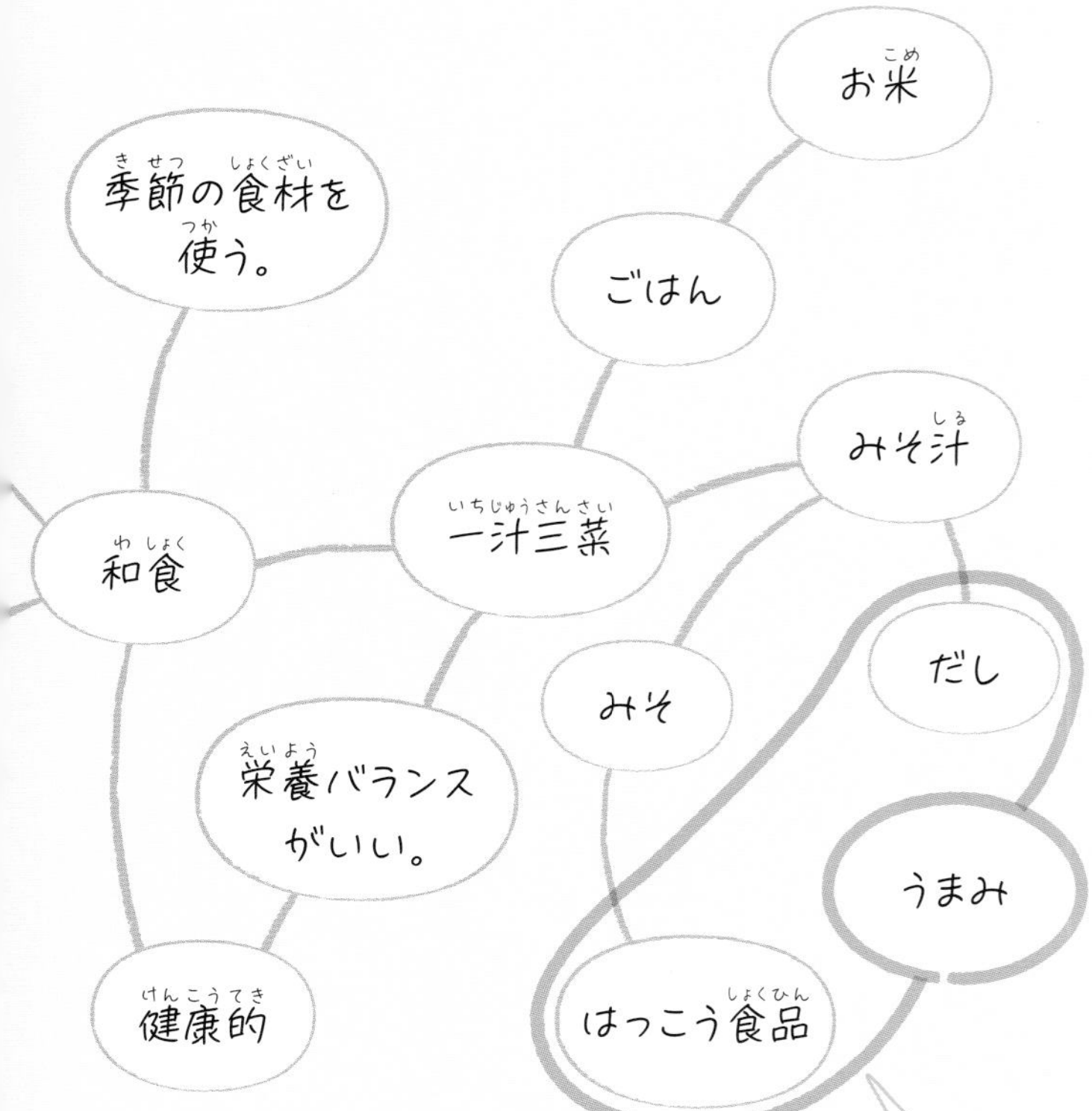

お米《こめ》
季節《きせつ》の食材《しょくざい》を使《つか》う。
ごはん
みそ汁《しる》
一汁三菜《いちじゅうさんさい》
和食《わしょく》
だし
みそ
栄養《えいよう》バランスがいい。
うまみ
健康的《けんこうてき》
はっこう食品《しょくひん》

ゆかたは、私《わたし》たちも夏祭《なつまつ》りで着《き》ることがあるよね。今年《ことし》の夏《なつ》は、友達《ともだち》とゆかたを着《き》て打《う》ち上《あ》げ花火《はなび》を見《み》に行《い》ったんだ。

大山《おおやま》さん
三輪《みわ》さん
佐野《さの》さん
浅間《あさま》さん
日本文化《にほんぶんか》と言《い》えば……着物《きもの》かな。町《まち》で着物姿《きものすがた》の人《ひと》を見《み》かけると、すてきだなって思《おも》う。
打《う》ち上《あ》げ花火《はなび》って、いろいろな色《いろ》や形《かたち》があって、本当《ほんとう》にきれいだよね。
日本《にっぽん》で打《う》ち上《あ》げ花火《はなび》というと丸《まる》い形《かたち》のものを思《おも》いうかべるけれど、外国《がいこく》の花火《はなび》は丸《まる》くないと聞《き》いたことがあるよ。どんなちがいがあるんだろう。

【2】題材《だいざい》を決《き》める。

イメージマップに書《か》き出《だ》したものの中《なか》から、グループのみんなが興味《きょうみ》のあるテーマを一《ひと》つ選《えら》びましょう。そして、パンフレットの大《おお》まかな内容《ないよう》を話《はな》し合《あ》います。

グループのみんなが興味《きょうみ》のある、日本《にっぽん》の打《う》ち上《あ》げ花火《はなび》について調《しら》べてはどうだろう。毎年《まいとし》のように見《み》ていても、くわしいことを知《し》っている人《ひと》はクラスでも少《すく》ないんじゃないかな。

いいと思《おも》う！　作《つく》り方《かた》や歴史《れきし》、みりょくなどを調《しら》べて、パンフレットにまとめよう。クラスのみんなに読《よ》んでもらって、日本《にっぽん》の打《う》ち上《あ》げ花火《はなび》のよさを知《し》ってもらおうよ！

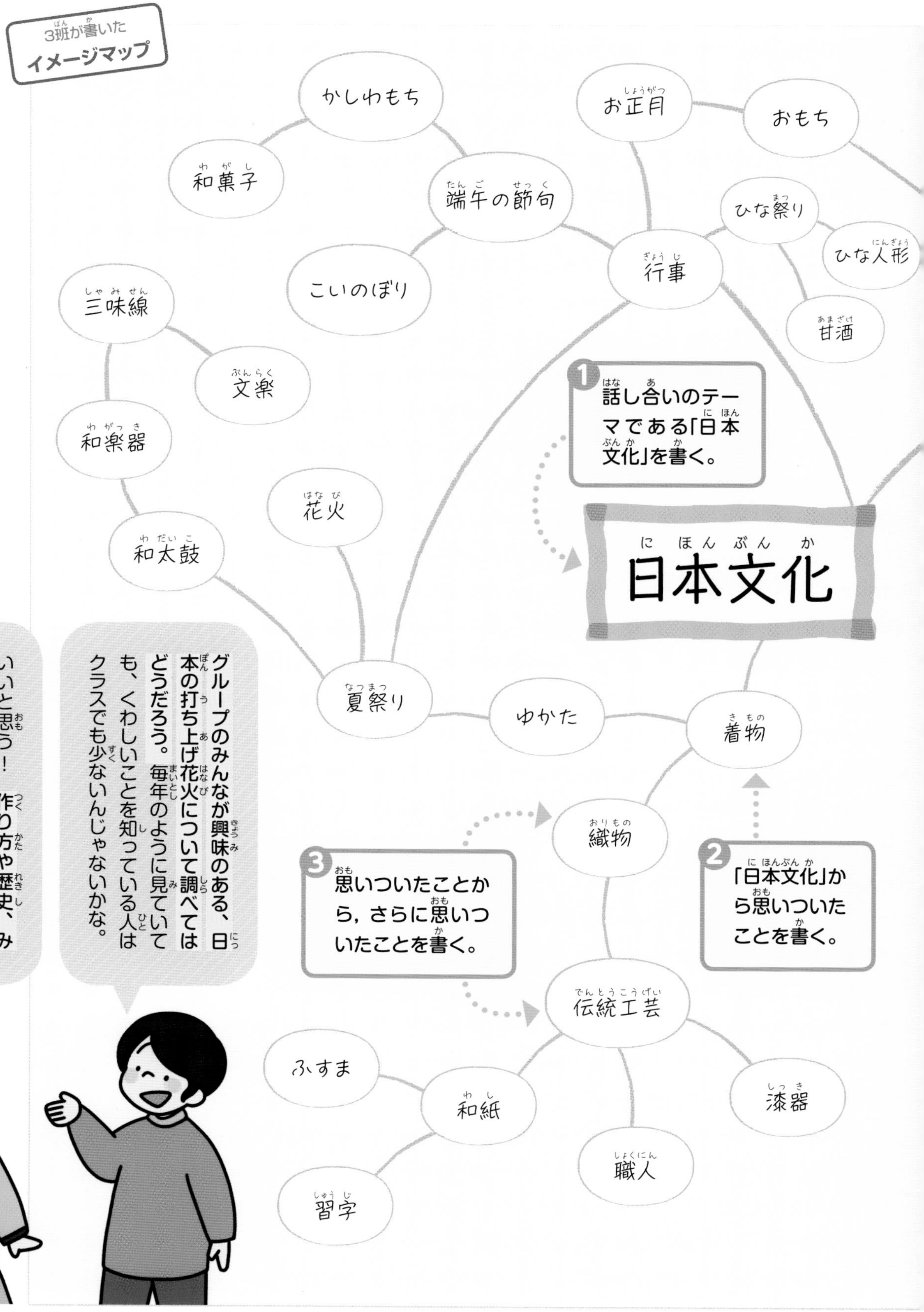
3班《ばん》が書《か》いた
イメージマップ
日本文化《にほんぶんか》
行事《ぎょうじ》
お正月《しょうがつ》
おもち
ひな祭《まつ》り
ひな人形《にんぎょう》
甘酒《あまざけ》
端午《たんご》の節句《せっく》
かしわもち
和菓子《わがし》
こいのぼり
着物《きもの》
ゆかた
夏祭《なつまつ》り
花火《はなび》
和太鼓《わだいこ》
和楽器《わがっき》
三味線《しゃみせん》
文楽《ぶんらく》
織物《おりもの》
伝統工芸《でんとうこうげい》
和紙《わし》
ふすま
習字《しゅうじ》
職人《しょくにん》
漆器《しっき》
1 話《はな》し合《あ》いのテーマである「日本《にほん》文化《ぶんか》」を書《か》く。
2 「日本文化《にほんぶんか》」から思《おも》いついたことを書《か》く。
3 思《おも》いついたことから，さらに思《おも》いついたことを書《か》く。

2 くわしく調《しら》べよう。

本《ほん》や新聞《しんぶん》、インターネットを活用《かつよう》して調《しら》べましょう。テーマに関《かか》わりのある場所《ばしょ》を実際《じっさい》に見学《けんがく》したり、くわしい人《ひと》にインタビューしたりしてもいいですね。調《しら》べたことは、カードにメモしておきましょう。

3 パンフレットの構成《こうせい》を決《き》めよう。

【1】集《あつ》めた情報《じょうほう》を整理《せいり》する。

調《しら》べたことを、**カードと囲《かこ》み**で整理《せいり》しましょう。2で作《つく》ったカードを、内容《ないよう》をもとにまとめます。

カードと囲《かこ》み
まとめる　整理《せいり》する

3班《ぱん》が書《か》いたカードと囲《かこ》み

1 同《おな》じ内容《ないよう》のカードをまとめて，線《せん》で囲《かこ》む。

2 まとまりに名前《なまえ》をつける。

歴史《れきし》

調《しら》べたこと　花火《はなび》の歴史《れきし》
分《わ》かったこと　・1543年《ねん》，日本《にっぽん》の種子島《たねがしま》にてっぽうとともに火薬《かやく》が伝《つた》わった。
・最初《さいしょ》は火薬《かやく》は武器《ぶき》やのろしとして使《つか》われた。
・花火《はなび》の原料《げんりょう》として使《つか》われるようになったのは江戸時代《えどじだい》。……
出典《しゅってん》　井上《いのうえ》あつし「花火《はなび》の歴史《れきし》」村井書店《むらいしょてん》 2020年《ねん》

作《つく》り方《かた》

調《しら》べたこと
分《わ》かったこと
出典《しゅってん》

みりょく

色《いろ》

調《しら》べたこと　花火《はなび》の色《いろ》
分《わ》かったこと　日本《にっぽん》の打《う》ち上《あ》げ花火《はなび》のとくちょうの一《ひと》つは，花火《はなび》の光《ひかり》の色《いろ》がとちゅうで変化《へんか》することです。これは，日本独自《にっぽんどくじ》の火薬《かやく》の作《つく》り方《かた》によるものです。
出典《しゅってん》　○△花火協会《はなびきょうかい》「日本《にっぽん》の花火《はなび》を知《し》る」(https://www.---)
見《み》た日《ひ》：11月4日《がつよっか》

形《かたち》

調《しら》べたこと　日本《にっぽん》の打《う》ち上《あ》げ花火《はなび》の形《かたち》
分《わ》かったこと　日本《にっぽん》の打《う》ち上《あ》げ花火《はなび》のとくちょうは，丸《まる》く，大《おお》きく，色《いろ》を変《か》えながら，均一《きんいつ》に花《はな》が開《ひら》くことです。
出典《しゅってん》　若宮《わかみや》ゆみ「もっとよく知《し》りたい！日《に》本《ほん》の花火《はなび》」ひかり出版《しゅっぱん》 2019年《ねん》

調《しら》べたこと　昔《むかし》の花火《はなび》について
分《わ》かったこと　1711年《ねん》に鍵屋弥兵衛《かぎややへえ》によって
上《あ》げ花火《はなび》が発明《はつめい》されるまで
で楽《たの》しまれていたのは「立火《たちび》
ばれる，火《ひ》の粉《こ》がふきあが
花火《はなび》だった。
出典《しゅってん》　○△花火協会《はなびきょうかい》「日本《にっぽん》の花火《はなび》の
(https://www.---)
見《み》た日《ひ》：11月6日《がつむいか》

調《しら》べたこと　日本《にっぽん》の打《う》ち上《あ》げ花火《はなび》の種類《しゅるい》
分《わ》かったこと　花火《はなび》はその構造《こうぞう》から，大《おお》き
て「割物《わりもの》」，「半割物《はんわりもの》」，「ポカ物《もの》」
つの種類《しゅるい》に分《わ》けられる。その
も大《おお》きく丸《まる》い形《かたち》に広《ひろ》がる割物《わりもの》
日本《にっぽん》の花火《はなび》の伝統的《でんとうてき》な形《かたち》とされ
出典《しゅってん》　若宮《わかみや》ゆみ「もっとよく知《し》りたい！
本《ほん》の花火《はなび》」ひかり出版《しゅっぱん》 2019年《ねん》

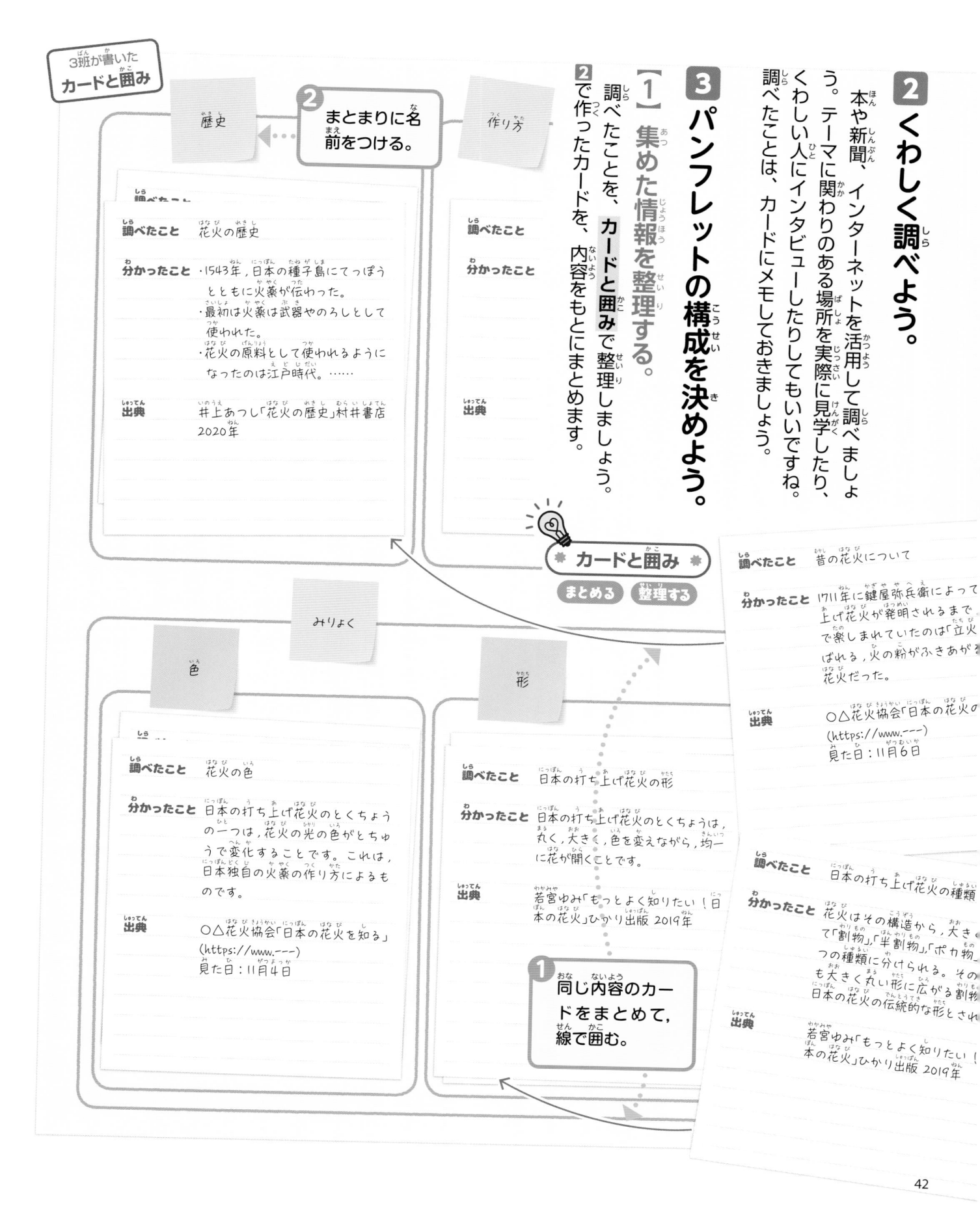

【2】パンフレットの構成《こうせい》を決《き》める。

3【1】でまとめた内容《ないよう》をもとに、**マトリックス**でパンフレットの構成《こうせい》を整理《せいり》します。だれが、どのページを担当《たんとう》するかも決《き》めましょう。

マトリックス

分《わ》ける　比《くら》べる　整理《せいり》する

3班《ぱん》が書《か》いたマトリックス

パンフレットの題名《だいめい》：日本《にっぽん》の打《う》ち上《あ》げ花火《はなび》のひみつ
副題《ふくだい》：夜空《よぞら》をいろどる芸術《げいじゅつ》

テーマ	みりょく	作《つく》り方《かた》	歴史《れきし》	外国《がいこく》との比較《ひかく》	全国《ぜんこく》の花火大会《はなびたいかい》	観賞《かんしょう》のしかた＋参考資料《さんこうしりょう》
内容《ないよう》	・形《かたち》，色《いろ》，消《き》え方《かた》から見《み》た日《にっ》本《ぽん》の花火《はなび》のみりょく。			・日本《にっぽん》の花火《はなび》と外国《がいこく》の花火《はなび》は，どんなところがちがうのか。	・全国《ぜんこく》の有名《ゆうめい》な花火大会《はなびたいかい》。・地図《ちず》を入《い》れる。	・花火《はなび》を観賞《かんしょう》するときのポイント。・参考資料一覧《さんこうしりょういちらん》
ページ	2	3	4			裏表紙《うらびょうし》
担当者《たんとうしゃ》	浅間《あさま》さん	大山《おおやま》さん	大山《おおやま》さん	三輪《みわ》さん	浅間《あさま》さん，佐野《さの》さん	佐野《さの》さん

1 パンフレットの題名《だいめい》と副題《ふくだい》を考《かんが》える。

2 3【1】のまとまりの名前《なまえ》のふせんをはる。

3 そのテーマのくわしい内容《ないよう》を書《か》く。

4 ページと担当者《たんとうしゃ》を書《か》く。

ぼくは作《つく》り方《かた》のページを担当《たんとう》したいな。職人《しょくにん》さんが花火玉《はなびだま》を作《つく》る様子《ようす》をインターネットの動画《どうが》で見《み》て、感《かん》動《どう》したんだ。
私《わたし》はみりょくをしょうかいしたい！パンフレットを読《よ》む人《ひと》に、まずは花火《はなび》に興《きょう》味《み》をもってもらいたいから、この記事《きじ》をいちばん最初《さいしょ》のページにするのはどう？
テーマには、全国《ぜんこく》の花火大会《はなびたいかい》も入《い》れたいな。日本地図《にほんちず》をのせて、どこでどんな大会《たいかい》が開《ひら》かれているかしょうかいするんだ。
パンフレットのタイトルは何《なに》がいいかな。身近《みぢか》だけど知《し》らないことが多《おお》いから、「日本《にっぽん》の打《う》ち上《あ》げ花火《はなび》のひみつ」というのはどうだろう。

4 割《わ》り付《つ》けを決《き》め、下《した》書《が》きを書《か》こう。

【1】割《わ》り付《つ》けを決《き》める。

最《もっと》も伝《つた》えたいことをはっきりさせ、それに合《あ》わせて記《き》事《じ》や写《しゃ》真《しん》の配《はい》置《ち》などを考《かんが》えて、割《わ》り付《つ》けを決《き》めましょう。割《わ》り付《つ》けができたらグループで確《かく》認《にん》して、アドバイスをし合《あ》いましょう。

■割《わ》り付《つ》けの例《れい》

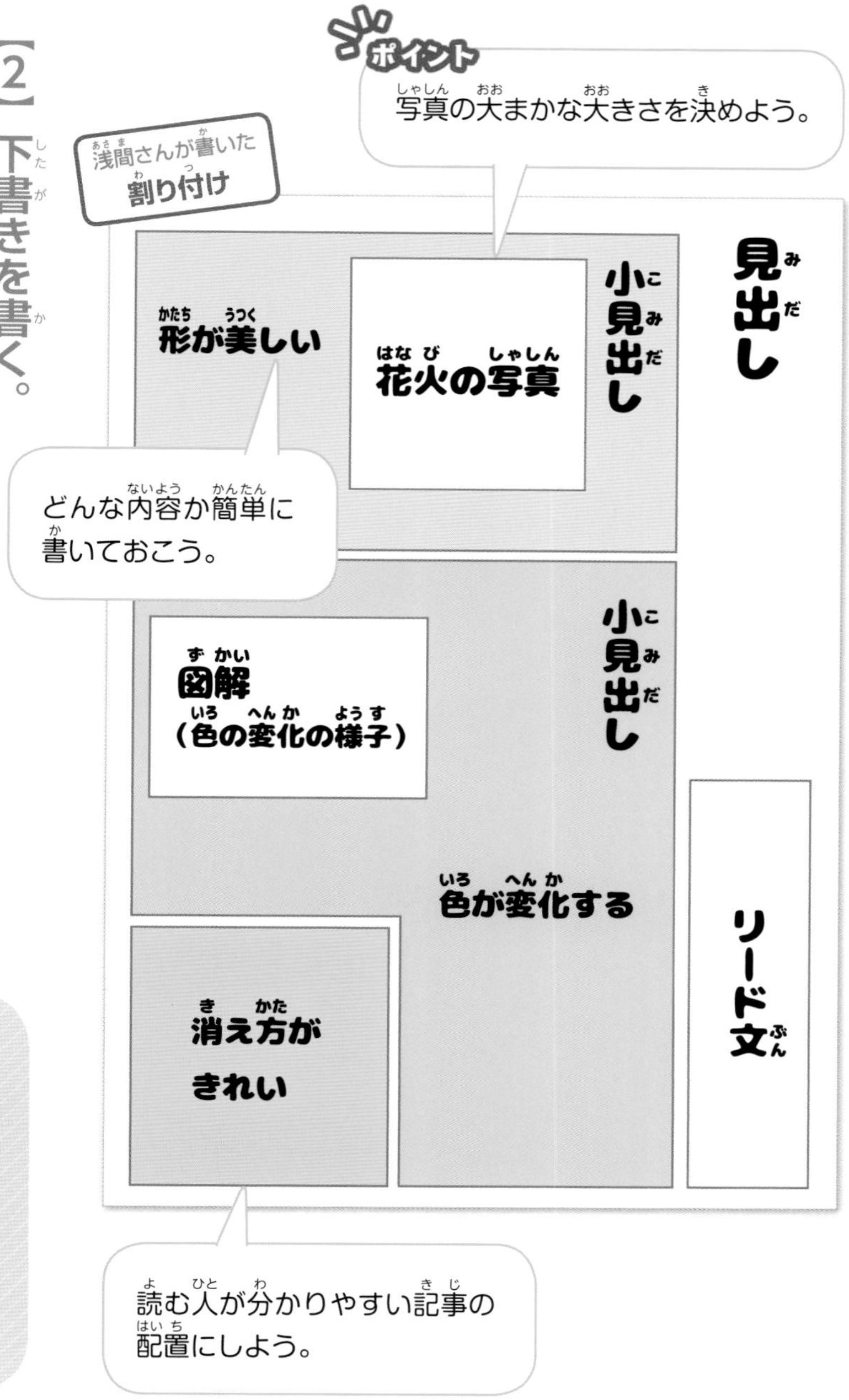
ポイント
写《しゃ》真《しん》の大《おお》まかな大《おお》きさを決《き》めよう。
浅《あさ》間《ま》さんが書《か》いた
割《わ》り付《つ》け
見《み》出《だ》し
小《こ》見《み》出《だ》し
花《はな》火《び》の写《しゃ》真《しん》
形《かたち》が美《うつく》しい
どんな内《ない》容《よう》か簡《かん》単《たん》に書《か》いておこう。
小《こ》見《み》出《だ》し
図《ず》解《かい》
（色《いろ》の変《へん》化《か》の様《よう》子《す》）
色《いろ》が変《へん》化《か》する
リード文《ぶん》
消《き》え方《かた》が
きれい
読《よ》む人《ひと》が分《わ》かりやすい記《き》事《じ》の配《はい》置《ち》にしよう。

日《にっ》本《ぽん》の打《う》ち上《あ》げ花《はな》火《び》のみりょくを、形《かたち》、色《いろ》の変《へん》化《か》、消《き》え方《かた》の、三《みっ》つの点《てん》からしょうかいしようと思《おも》っているんだ。いちばんのみりょくは丸《まる》い形《かたち》だと思《おも》うから、最《さい》初《しょ》に書《か》くことにして、大《おお》きな写《しゃ》真《しん》も入《い》れてみたよ。

いいね！　写《しゃ》真《しん》が目《め》立《だ》って、形《かたち》がみりょくだということが伝《つた》わると思《おも》うよ。形《かたち》や色《いろ》の変《へん》化《か》には写《しゃ》真《しん》や図《ず》解《かい》が入《はい》っているけれど、消《き》え方《かた》には入《い》れないの？　小《ちい》さくても図《ず》やイラストが入《はい》っていると、分《わ》かりやすくなるんじゃないかな。

【2】下《した》書《が》きを書《か》く。

思《し》考《こう》ツールを使《つか》って文《ぶん》章《しょう》の構《こう》成《せい》を考《かんが》え、下《した》書《が》きをしましょう。書《か》いたものはグループで読《よ》み合《あ》い、内《ない》容《よう》や表《ひょう》現《げん》について、感《かん》じたことを伝《つた》え合《あ》いましょう。

2で集《あつ》めた資《し》料《りょう》や、メモを取《と》ったカードを参《さん》考《こう》にして書《か》いていこう！

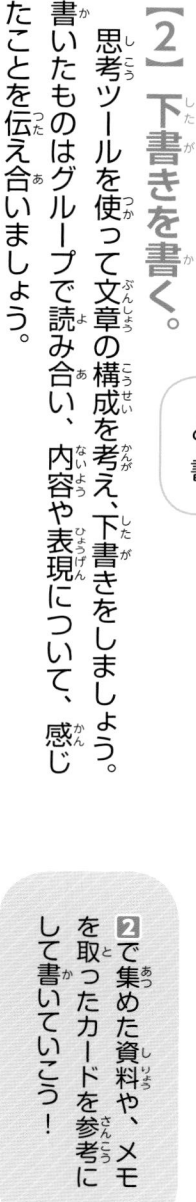

みりょくを伝《つた》えたい。

テーマに関《かか》わるみりょくを伝《つた》えるときには、**ピラミッドチャート**でその理由《りゆう》や事例《じれい》を整理《せいり》しましょう。

ピラミッドチャート
構成《こうせい》を考《かんが》える　具体的《ぐたいてき》にする

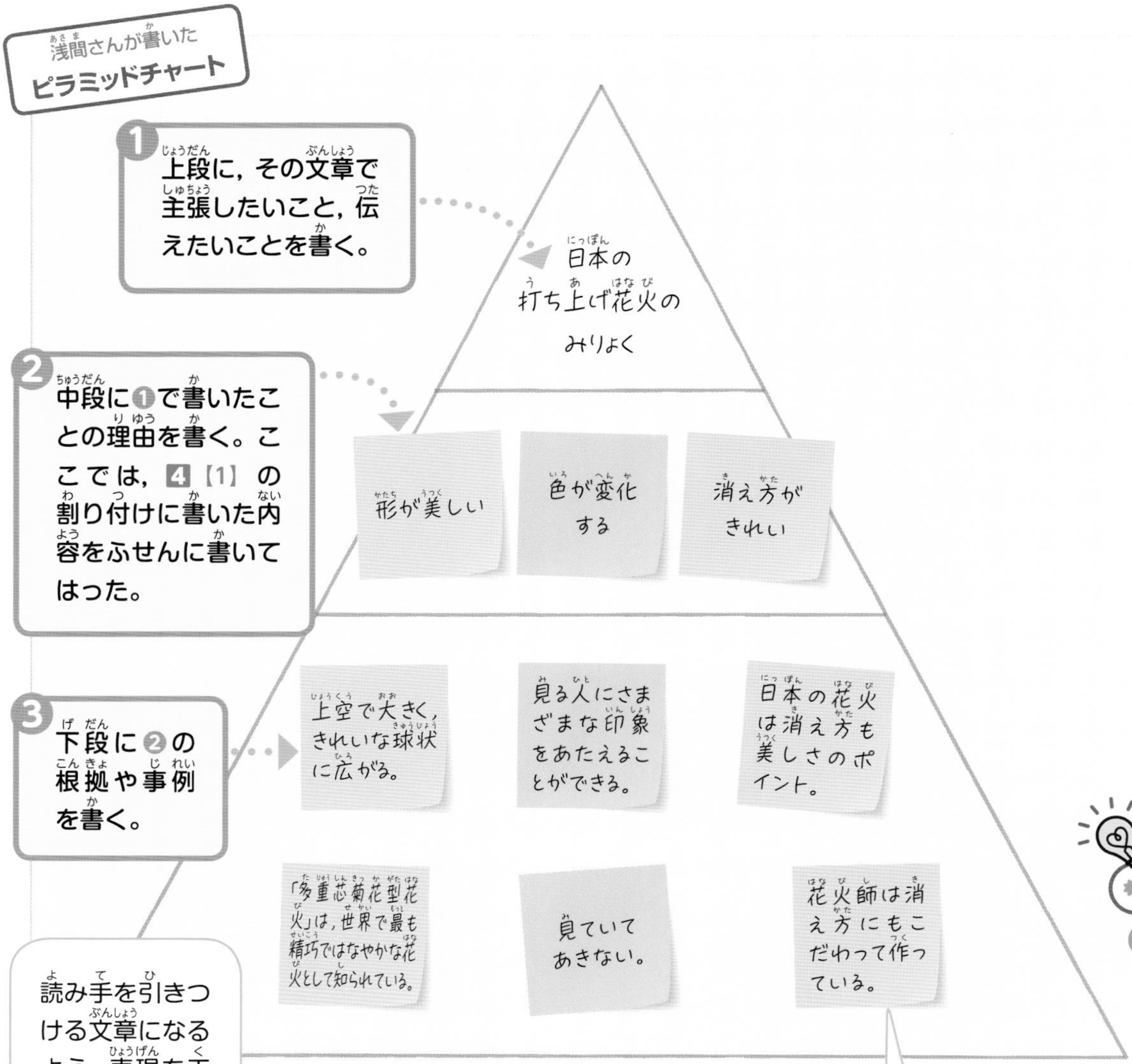
浅間《あさま》さんが書《か》いた
ピラミッドチャート
1 上段《じょうだん》に，その文章《ぶんしょう》で主張《しゅちょう》したいこと，伝《つた》えたいことを書《か》く。
2 中段《ちゅうだん》に1で書《か》いたことの理由《りゆう》を書《か》く。ここでは，4【1】の割《わ》り付《つ》けに書《か》いた内容《ないよう》をふせんに書《か》いてはった。
3 下段《げだん》に2の根拠《こんきょ》や事例《じれい》を書《か》く。
日本《にっぽん》の打《う》ち上《あ》げ花火《はなび》のみりょく
形《かたち》が美《うつく》しい
色《いろ》が変化《へんか》する
消《き》え方《かた》がきれい
上空《じょうくう》で大《おお》きく，きれいな球状《きゅうじょう》に広《ひろ》がる。
見《み》る人《ひと》にさまざまな印象《いんしょう》をあたえることができる。
日本《にっぽん》の花火《はなび》は消《き》え方《かた》も美《うつく》しさのポイント。
「多重芯菊花型花《たじゅうしんきくかがたはな》火《び》」は，世界《せかい》で最《もっと》も精巧《せいこう》ではなやかな花《はな》火《び》として知《し》られている。
見《み》ていてあきない。
花火師《はなびし》は消《き》え方《かた》にもこだわって作《つく》っている。

読《よ》み手《て》を引《ひ》きつける文章《ぶんしょう》になるよう，表現《ひょうげん》を工夫《くふう》しよう。

ふせんの色《いろ》は，理由《りゆう》ごとに変《か》えると整理《せいり》しやすい。

下書《したが》きの例《れい》

見出《みだ》し
ここがすごい！
日本《にっぽん》の打《う》ち上《あ》げ花火《はなび》のみりょく

小見出《こみだ》し
美《うつく》しい形《かたち》
どこから見《み》ても

日本《にっぽん》の打《う》ち上《あ》げ花火《はなび》は、割物《わりもの》、半割物《はんわりもの》、ポカ物《もの》という三種類《さんしゅるい》に大《おお》きく分《わ》けられます。中《なか》でも日本《にっぽん》で独自《どくじ》に発展《はってん》したのが、割物《わりもの》です。花火《はなび》が上空《じょうくう》で大《おお》きく、きれいな球状《きゅうじょう》に広《ひろ》がることから、どんな角度《かくど》からも大《おお》きくて丸《まる》い、美《うつく》しい光《ひかり》の花《はな》を見《み》ることができます。代表的《だいひょうてき》な割物《わりもの》の花火《はなび》「多《た》重芯菊花型花火《じゅうしんきくかがたはなび》」は、世界《せかい》で最《もっと》も精巧《せいこう》ではなやかな花火《はなび》として知《し》られています。

小見出《こみだ》し
色《いろ》の変化《へんか》が楽《たの》しめる

私《わたし》は、ページ全体《ぜんたい》の文章《ぶんしょう》の構成《こうせい》をピラミッドチャートで整理《せいり》してみたよ。どのまとまりでどんなことを書《か》くか、全体《ぜんたい》の構成《こうせい》を意識《いしき》しながら考《かんが》えることができるね。

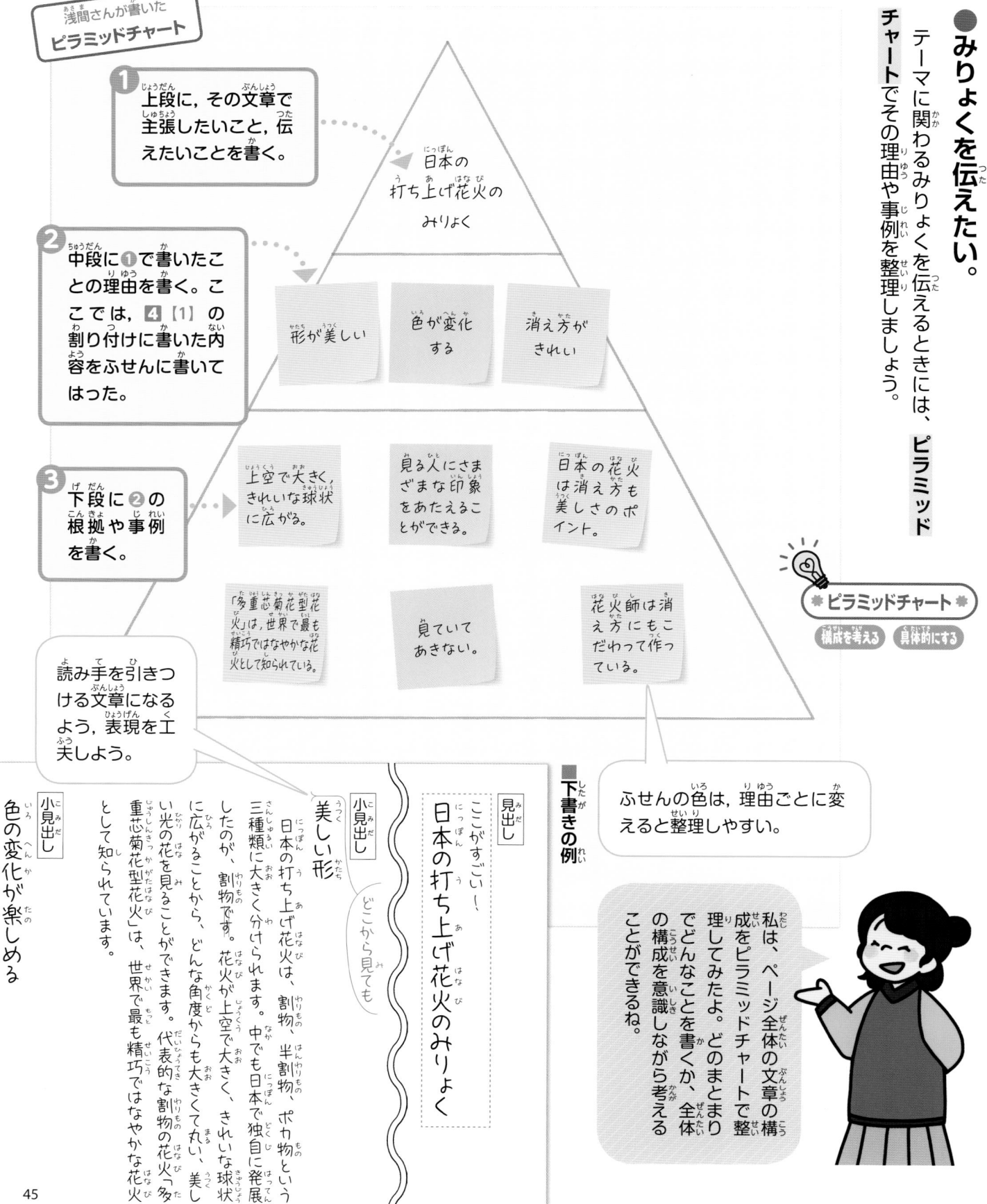

●歴史《れきし》をしょうかいしたい。

テーマに関《かか》わる歴史《れきし》を、時代《じだい》を追《お》って説明《せつめい》するときには、**ステップチャート**を使《つか》います。時代《じだい》や出来事《できごと》のまとまりごとに、伝《つた》えたいことを整理《せいり》しましょう。整理《せいり》できたら、わくごとに文《ぶん》章《しょう》にまとめていきます。

✹ステップチャート✹
順番《じゅんばん》を考《かん》える

「のろし」や「立火《たちび》」などの親《した》しみがない言葉《ことば》は、知《し》らない人《ひと》が読《よ》んでも分《わ》かるように簡単《かんたん》な説明《せつめい》を加《くわ》えたよ。

大山《おおやま》さんが書《か》いたステップチャート

❶ 時代《じだい》や出来事《できごと》のまとまりを書《か》く。

❷ ❶で書《か》いたまとまりにあてはまる出来事《できごと》をふせんに書《か》いてはる。

日本《にっぽん》に火薬《かやく》が伝《つた》わる

- 日本《にっぽん》には1543年《ねん》に火薬《かやく》が伝《つた》わった。
  - 種子島《たねがしま》に、てっぽうといっしょに伝《つた》わった。
- 火薬《かやく》は，最初《さいしょ》はおもに武器《ぶき》やのろしとして使《つか》われていた。

↓

花火《はなび》が広《ひろ》まる

- 日本《にっぽん》では江戸《えど》時代《じだい》から観賞《かんしょう》用《よう》の花火《はなび》が広《ひろ》まった。
  - 多《おお》くの人《ひと》に広《ひろ》まる。
- 1613年《ねん》に徳川《とくがわ》家康《いえやす》が花火《はなび》を見《み》たという記《き》録《ろく》が残《のこ》っている。
- 花火《はなび》＝「立火《たちび》」やおもちゃ花火《はなび》

ポイント
つけ加《くわ》えたい内容《ないよう》や，関《かか》わりのある内容《ないよう》はメモしておこう。

↓

打《う》ち上《あ》げ花火《はなび》の登場《とうじょう》

- 1711年《ねん》に初代《しょだい》鍵屋《かぎや》弥兵衛《やへえ》が打《う》ち上《あ》げ花《はな》火《び》を発明《はつめい》。
- 鍵屋《かぎや》と玉屋《たまや》が花火師《はなびし》としてかつやく。
  - 「かぎや」，「たまや」というかけ声《ごえ》のもとになる。

■下書《したが》きの例《れい》

見出《みだ》し
花火《はなび》の歴史《れきし》

小見出《こみだ》し
日本《にっぽん》に火薬《かやく》が伝《つた》わる

花火《はなび》の原料《げんりょう》となる火薬《かやく》が日本《にっぽん》へ伝《つた》わったのは、一五四三年《ねん》のことだとされています。種子島《たねがしま》に、てっぽうとともに伝《つた》わったのです。火薬《かやく》は、最初《さいしょ》はおもに武器《ぶき》やのろし（情報《じょうほう》を伝《つた》えるために上《あ》げるけむり）に使《つか》われていました。

小見出《こみだ》し
花火《はなび》が広《ひろ》まる
江戸《えど》時代《じだい》

江戸《えど》時代《じだい》になると、火薬《かやく》を利用《りよう》した観賞用《かんしょうよう》の花火《はなび》が広《ひろ》まりました。一六一三年《ねん》には、江戸《えど》幕府《ばくふ》を開《ひら》いた徳川《とくがわ》家康《いえやす》が花火《はなび》を見《み》たという記録《きろく》が残《のこ》っています。その後《ご》、花火《はなび》は多《おお》くの人《ひと》に楽《たの》しまれるようになりました。このころの花火《はなび》は、竹《たけ》のつつに火薬《かやく》をつめて火《ひ》をつけ、ふき出《だ》す火《ひ》の粉《こ》を楽《たの》しむ「立火《たちび》」という花火《はなび》や、線香花火《せんこうはなび》のようなおもちゃ花火《はなび》でした。

小見出《こみだ》し

●読《よ》み手《て》が疑問《ぎもん》に思《おも》いそうなことを説明《せつめい》したい。

テーマについて、多《おお》くの人《ひと》が疑問《ぎもん》に思《おも》いそうなことを説明《せつめい》するときには、**クラゲチャート**を使《つか》って問《と》い（疑問《ぎもん》）と答《こた》えを整理《せいり》しましょう。文章《ぶんしょう》にするときは、初《はじ》めに問《と》いを示《しめ》し、答《こた》えをまとまりごとに書《か》いていきます。

クラゲチャート

主張《しゅちょう》と理由《りゆう》　まとめる

三輪《みわ》さんが書《か》いたクラゲチャート

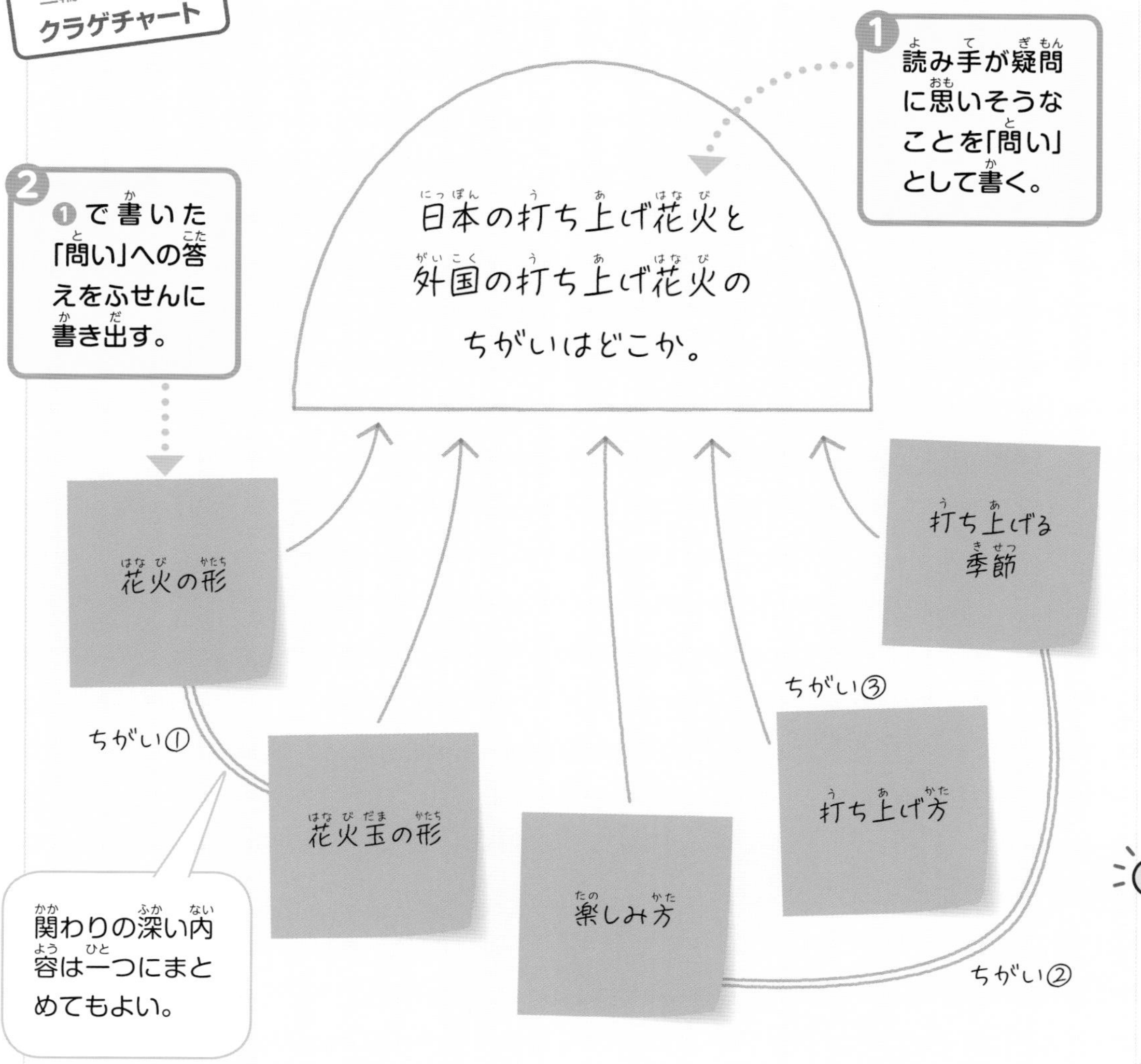
1 読《よ》み手《て》が疑問《ぎもん》に思《おも》いそうなことを「問《と》い」として書《か》く。
2 1で書《か》いた「問《と》い」への答《こた》えをふせんに書《か》き出《だ》す。
日本《にっぽん》の打《う》ち上《あ》げ花火《はなび》と外国《がいこく》の打《う》ち上《あ》げ花火《はなび》のちがいはどこか。
花火《はなび》の形《かたち》
花火玉《はなびだま》の形《かたち》
楽《たの》しみ方《かた》
打《う》ち上《あ》げ方《かた》
打《う》ち上《あ》げる季節《きせつ》
ちがい①
ちがい②
ちがい③
関《かか》わりの深《ふか》い内容《ないよう》は一《ひと》つにまとめてもよい。

大《おお》きく分《わ》けて三《みっ》つのちがいがあるね。ちがいごとに小見出《こみだ》しを入《い》れたほうが分《わ》かりやすいかな。

■下書《したが》きの例《れい》

見出《みだ》し

日本《にっぽん》の打《う》ち上《あ》げ花火《はなび》と外国《がいこく》の打《う》ち上《あ》げ花火《はなび》のちがい

（どこがちがう？）

リード文《ぶん》

外国《がいこく》でも、打《う》ち上《あ》げ花火《はなび》は楽《たの》しまれています。日本《にっぽん》の打《う》ち上《あ》げ花火《はなび》と、どのような点《てん》がちがうのでしょうか。

小見出《こみだ》し

ちがい１　花火《はなび》の形《かたち》

日本《にっぽん》では球状《きゅうじょう》の、どこから見《み》ても丸《まる》い形《かたち》の花火《はなび》が一般的《いっぱんてき》ですが、アメリカやヨーロッパなどではやなぎのように、光《ひかり》が下《した》へ降《ふ》ってくるように見《み》える形《かたち》の花火《はなび》がよく見《み》られます。これは、花火玉《はなびだま》の形《かたち》のちがいによるものです。……

小見出《こみだ》し

ちがい２　楽《たの》しみ方《かた》や打《う》ち上《あ》げる季節《きせつ》

日本《にっぽん》では、夏《なつ》になると各地《かくち》で花火大会《はなびたいかい》が開《ひら》かれ、花火《はなび》を見《み》るために多《おお》くの人《ひと》が集《あつ》まります。一方《いっぽう》、外国《がいこく》では、花火《はなび》はおもに祭《まつ》りや祝《いわ》い事《ごと》の際《さい》に打《う》ち上《あ》げられます。場《ば》を盛《も》り上《あ》げるための道具《どうぐ》として、花火《はなび》は季節《きせつ》に関係《かんけい》なく楽《たの》しまれています。……

5 パンフレットを完成《かんせい》させよう。

【1】記事《きじ》を清書《せいしょ》する。

4【2】でグループの人《ひと》からもらった意見《いけん》を取《と》り入《い》れて記事《きじ》を見直《みなお》したら、清書《せいしょ》します。

ひと目《め》でポイントが分《わ》かるように、「形《かたち》」、「色《いろ》」、「消《き》え方《かた》」を目立《めだ》たせてみたよ！

ポイント

イラストを入《い》れたり、文字《もじ》を大《おお》きくしたりして見出《みだ》しを目立《めだ》たせる。

ここがすごい！ 日本《にっぽん》の打《う》ち上《あ》げ花火《はなび》のみりょく

日本《にっぽん》の打《う》ち上《あ》げ花火《はなび》は、はなやかさや繊細《せんさい》な表現《ひょうげん》で世《せ》界的《かいてき》に有名《ゆうめい》です。日本《にっぽん》の打《う》ち上《あ》げ花火《はなび》の、どんなところにみりょくがあるのでしょうか。

リード文《ぶん》は，そのページで書《か》かれている内容《ないよう》がすぐ分《わ》かる文章《ぶんしょう》にする。

どこから見《み》ても美《うつく》しい形《かたち》

多重芯菊花型花火《たじゅうしんきっかがたはなび》

菊《きく》の花《はな》の形《かたち》をした花火《はなび》。「芯《しん》」は内側《うちがわ》のひと回《まわ》り小《ちい》さな花火《はなび》を指《さ》し，写真《しゃしん》では内側《うちがわ》から銀色《ぎんいろ》，緑色《みどりいろ》，青色《あおいろ》の三重《さんじゅう》の芯《しん》が見《み》られる。

日本《にっぽん》の打《う》ち上《あ》げ花火《はなび》は、割物《わりもの》、半割物《はんわりもの》、ポカ物《もの》という三種類《さんしゅるい》に大《おお》きく分《わ》けられます。中《なか》でも日本《にっぽん》で独《どく》自《じ》に発展《はってん》したのが、割物《わりもの》。花火《はなび》が上空《じょうくう》で大《おお》きく、きれいな球状《きゅうじょう》に広《ひろ》がることから、どんな角度《かくど》からも大《おお》きくて丸《まる》い、美《うつく》しい光《ひかり》の花《はな》を見《み》ることができます。代《だい》表的《ひょうてき》な割物《わりもの》の花火《はなび》「多重芯菊花型花火《たじゅうしんきっかがたはなび》」は、世界《せかい》で最《もっと》も精巧《せいこう》ではなやかな花火《はなび》として知《し》られています。

色《いろ》の変化《へんか》が楽《たの》しめる

一発《いっぱつ》の花火《はなび》の中《なか》で光《ひかり》の色《いろ》が変化《へんか》するのも、日本《にっぽん》の打《う》ち上《あ》げ花火《はなび》の大《おお》きなみりょくです。火薬《かやく》に工夫《くふう》があり、日本《にっぽん》の打《う》ち上《あ》げ花火《はなび》のとくちょうとされています。色《いろ》の変化《へんか》によって、一発《いっぱつ》の花火《はなび》が消《き》えるまでに、見《み》る人《ひと》にさまざまな印象《いんしょう》をあたえることができます。また、色《いろ》の変化《へんか》自《じ》体《たい》が、見《み》る人《ひと》の注意《ちゅうい》を引《ひ》き、あきさせないというよさもあります。

花火《はなび》の色《いろ》の変化《へんか》

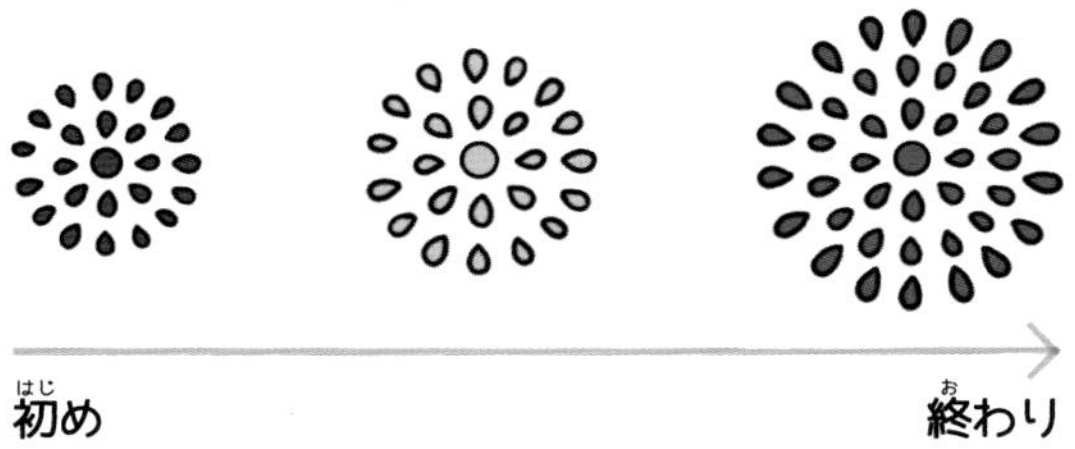

初《はじ》め
終《お》わり

★消《き》え方《かた》にも光《ひか》るこだわり

日本《にっぽん》の打《う》ち上《あ》げ花火《はなび》には、光《ひか》る瞬間《しゅんかん》だけでなく、消《き》え方《かた》にもとくちょうがあります。花火《はなび》の光《ひかり》がいっせいにぱっと消《き》えることを「消《き》え口《くち》がそろう」と表現《ひょうげん》し、美《うつく》しい花火《はなび》の条件《じょうけん》だとされています。消《き》え口《くち》をそろえるのも、花火師《はなびし》(花火職人《はなびしょくにん》)のうでの見《み》せどころです。

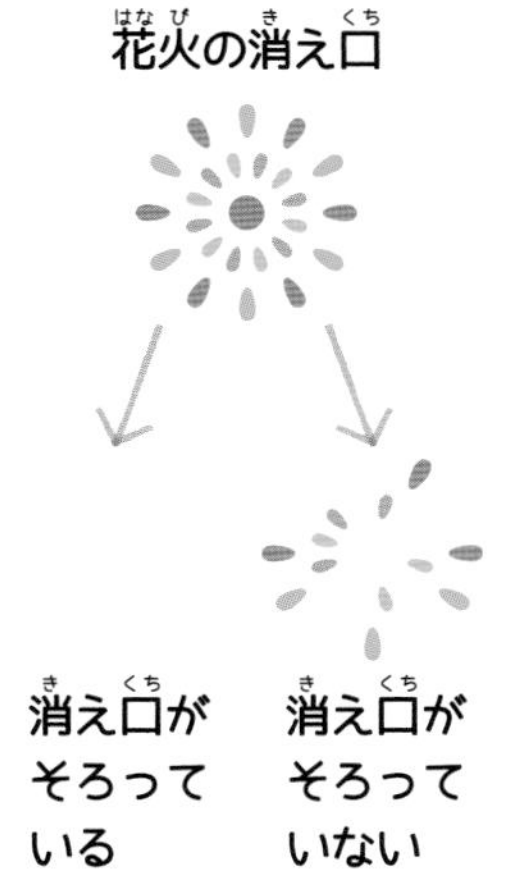

花火《はなび》の消《き》え口《くち》
消《き》え口《くち》がそろっていない
消《き》え口《くち》がそろっている

2

文章《ぶんしょう》で説明《せつめい》するのが難《むずか》しい内容《ないよう》は，写真《しゃしん》やイラストを入《い》れて補《おぎな》う。

【2】グループの記事《きじ》をまとめる。

それぞれの記事《きじ》を清書《せいしょ》したら、まとめて一冊《いっさつ》のパンフレットにします。表紙《ひょうし》や裏表紙《うらびょうし》もつけて、完成《かんせい》です。

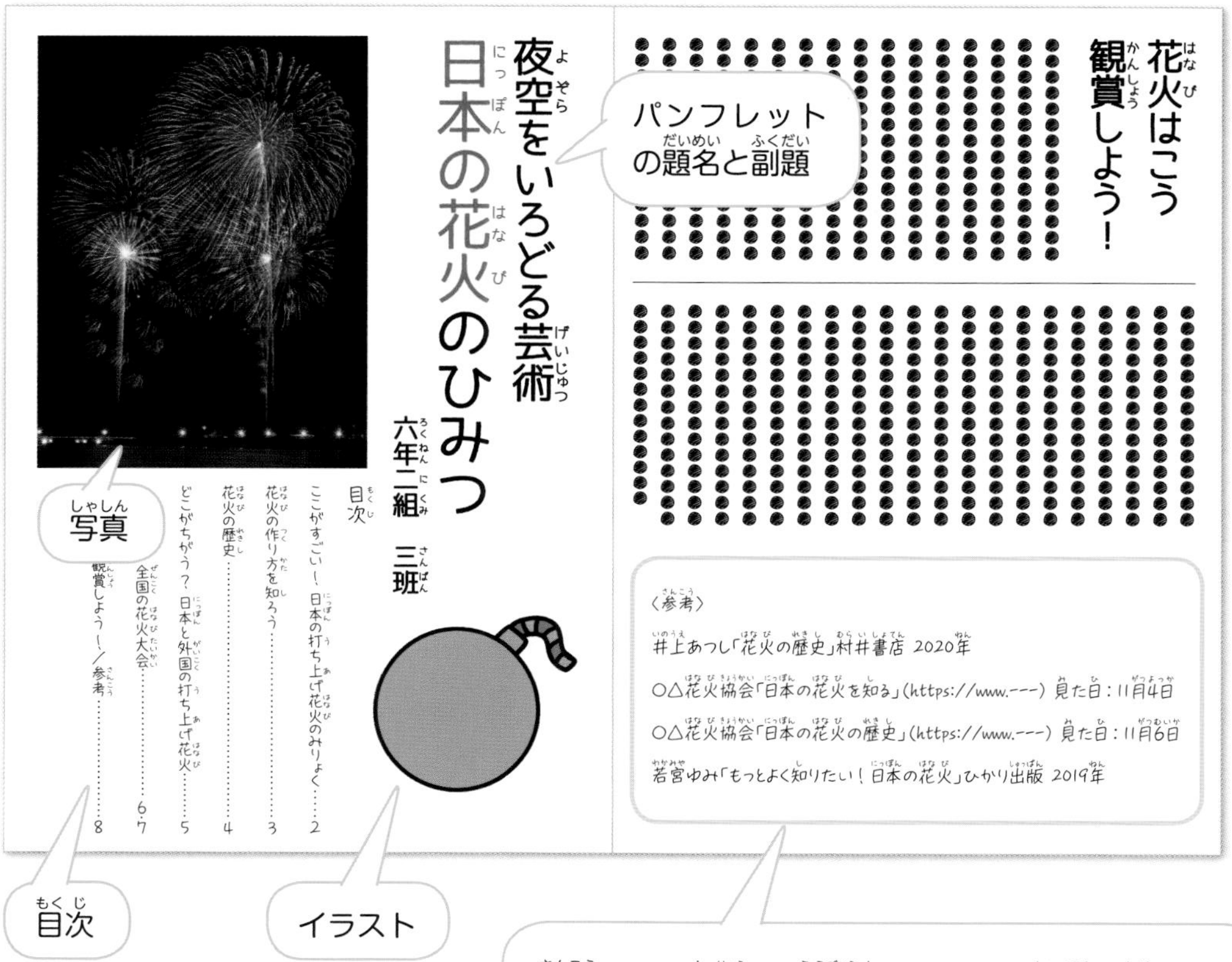

＜表紙《ひょうし》＞
夜空《よぞら》をいろどる芸術《げいじゅつ》
日本《にっぽん》の花火《はなび》のひみつ
六年二組《ろくねんにくみ》　三班《さんぱん》
目次《もくじ》
ここがすごい！ 日本《にっぽん》の打《う》ち上《あ》げ花火《はなび》のみりょく……2
花火《はなび》の作《つく》り方《かた》を知《し》ろう……3
花火《はなび》の歴史《れきし》……4
どこがちがう？ 日本《にっぽん》と外国《がいこく》の打《う》ち上《あ》げ花火《はなび》……5
全国《ぜんこく》の花火大会《はなびたいかい》……6・7
観賞《かんしょう》しよう！／参考《さんこう》……8
＜裏表紙《うらびょうし》＞
花火《はなび》はこう観賞《かんしょう》しよう！
〈参考《さんこう》〉
井上《いのうえ》あつし「花火《はなび》の歴史《れきし》」村井書店《むらいしょてん》 2020年《ねん》
○△花火協会《はなびきょうかい》「日本《にっぽん》の花火《はなび》を知《し》る」(https://www.---) 見《み》た日《ひ》：11月4日《がつよっか》
○△花火協会《はなびきょうかい》「日本《にっぽん》の花火《はなび》の歴史《れきし》」(https://www.---) 見《み》た日《ひ》：11月6日《がつむいか》
若宮《わかみや》ゆみ「もっとよく知《し》りたい！日本《にっぽん》の花火《はなび》」ひかり出版《しゅっぱん》 2019年《ねん》
パンフレットの題名《だいめい》と副題《ふくだい》
写真《しゃしん》
イラスト
目次《もくじ》

参考《さんこう》にした資料《しりょう》は，裏表紙《うらびょうし》にまとめて出典《しゅってん》を示《しめ》す。
本《ほん》の場合《ばあい》：著者名《ちょしゃめい》「本《ほん》のタイトル」出版社名《しゅっぱんしゃめい》 出版年《しゅっぱんねん》
新聞《しんぶん》の場合《ばあい》：新聞名《しんぶんめい》「見出《みだ》し」発行日《はっこうび》(朝刊《ちょうかん》か夕刊《ゆうかん》か)
インターネットの場合《ばあい》
：ページの作成者《さくせいしゃ》「ウェブサイト名《めい》」(ＵＲＬ《ユーアールエル》)見《み》た日《ひ》

一枚《いちまい》の厚紙《あつがみ》に表紙《ひょうし》と裏表紙《うらびょうし》を書《か》いて、真《ま》ん中《なか》を折《お》って、それぞれのページをはさみこむ形《かたち》にしたよ。

表紙《ひょうし》には、目立《めだ》つように大《おお》きな打《う》ち上《あ》げ花火《はなび》の写真《しゃしん》をはろう！イラストをかいてもいいね。
二班《にはん》は、和菓子《わがし》について調《しら》べたんだね。各地《かくち》の和菓子《わがし》が地図《ちず》といっしょにしょうかいされていて、とても分《わ》かりやすいよ！
ありがとう。三班《さんぱん》の打《う》ち上《あ》げ花火《はなび》のパンフレットは、文章《ぶんしょう》だけでは分《わ》かりづらい部分《ぶぶん》に写真《しゃしん》が入《はい》っていたから、理解《りかい》しやすかったよ。

6 感想《かんそう》を伝《つた》え合《あ》おう。

他《ほか》のグループが作《つく》ったパンフレットを読《よ》み、感想《かんそう》を伝《つた》え合《あ》いましょう。

PMI《ピーエムアイ》

視点《してん》を変《か》える
評価《ひょうか》する

PMI《ピーエムアイ》は、物事《ものごと》を評価《ひょうか》したり、判断《はんだん》したりするときに使《つか》うことができます。ここでは、スピーチのふり返《かえ》りをするときに活用《かつよう》する例《れい》をしょうかいします。

今《いま》、私《わたし》は、ぼくは＊

スピーチなどの発表《はっぴょう》をした後《あと》、しっかりふり返《かえ》りをしていますか。経験《けいけん》を次《つぎ》にいかすためには、その内容《ないよう》を細《こま》かく自己評価《じこひょうか》することが大切《たいせつ》です。よかったところ、悪《わる》かったところ、興味深《きょうみぶか》かったところの三《みっ》つの視点《してん》から評価《ひょうか》する**PMI**《ピーエムアイ》を使《つか》って、自分《じぶん》のスピーチをふり返《かえ》ってみましょう。

みなさん、この写真《しゃしん》を見《み》てください。うぐいす、あじさい、もみじ……これらは、すべて練《ね》り切《き》りとよばれる和菓子《わがし》です。ぼくは将来《しょうらい》、このようなきれいでおいしい和菓子《わがし》を作《つく》れる職人《しょくにん》になりたいと考《かんが》えています。そのきっかけは、この前《まえ》、職場体験《しょくばたいけん》で和菓子店《わがしてん》に行《い》ったことです。……

大山《おおやま》さん

I《アイ》 Interesting インタレスティング 興味深《きょうみぶか》かったところ

4 I《アイ》にはスピーチをして興《きょう》味深《みぶか》かったことや感想《かんそう》をふせんに書《か》いてはる。

和菓子《わがし》の写真《しゃしん》を見《み》せたとき，みんなの反応《はんのう》がよくてびっくりした。

間《ま》をとって話《はな》すと，みんなが集《しゅう》中《ちゅう》して聞《き》いてくれていると感《かん》じた。

他《ほか》にも和菓子《わがし》職人《しょくにん》になりたい人《ひと》がいて，うれしかった。

和菓子《わがし》はあまり食《た》べたことがないという人《ひと》もいて，おどろいた。

＊光村図書《みつむらとしょ》の国語教科書《こくごきょうかしょ》の教材名《きょうざいめい》に対応《たいおう》しています。

大山《おおやま》さんが書《か》いた
PMI《ピーエムアイ》

スピーチをふり返《かえ》って：「将来《しょうらい》は和《わ》菓《が》子《し》職人《しょくにん》になりたい。」

1 三《みっ》つのわくにそれぞれP《ピー》(Plus《プラス》，よかったところ)，M《エム》(Minus《マイナス》，悪《わる》かったところ)，I《アイ》(Interesting《インタレスティング》，興味《きょうみ》深《ぶか》かったところ)を書《か》く。

P《ピー》 Plus《プラス》 よかったところ	M《エム》 Minus《マイナス》 悪《わる》かったところ
2 P《ピー》にはスピーチのよかったところ，うまくいったところをふせんに書《か》いてはる。	3 M《エム》にはスピーチの悪《わる》かったところや反省点《はんせいてん》をふせんに書《か》いてはる。
みんなの顔《かお》を見《み》ながら話《はな》すことができた。	きんちょうして，最初《さいしょ》は声《こえ》が小《ちい》さかった。
考《かんが》えをもつようになったきっかけをしっかり説《せつ》明《めい》できた。	話《はな》す速《はや》さに気《き》をつけることができなかった。
見《み》やすい図《ず》や表《ひょう》を作《つく》ることができた。	決《き》められた時《じ》間《かん》より少《すこ》し長《なが》くなってしまった。
気持《きも》ちをこめて話《はな》すことができた。	

PMI《ピーエムアイ》を使《つか》うと，どんなところがよかったのか，悪《わる》かったのかなど，具体的《ぐたいてき》に考《かんが》えるきっかけができるね。今度《こんど》スピーチをするときには，話《はな》す速《はや》さにも気《き》をつけるようにしよう。それから……

Y《ワイ》チャート

分《わ》ける　比《くら》べる　視点《してん》を変《か》える

Y《ワイ》チャートは、ある物事《ものごと》やテーマについて、三《みっ》つの視点《してん》で考《かん》えるときに使《つか》うことができます。ここでは、絵画《かいが》を三《みっ》つの視点《してん》をもとに鑑賞《かんしょう》する例《れい》をしょうかいします。

三《みっ》つの視点《してん》から絵画《かいが》を鑑賞《かんしょう》しよう

絵画《かいが》を鑑賞《かんしょう》することは、難《むずか》しいことだと考《かん》えていませんか。絵《かい》画《が》は自由《じゆう》に、自分《じぶん》の見方《みかた》で味《あじ》わうものです。その絵画《かいが》をよく見《み》て、考《かん》えたり、想像《そうぞう》したりするとよいでしょう。Y《ワイ》チャートに書《か》いた三《みっ》つの視点《してん》をもとに、江戸時代《えどじだい》の浮世絵《うきよえ》、葛飾北斎作《かつしかほくさいさく》「神奈川沖《かながわおき》浪裏《なみうら》」を鑑賞《かんしょう》してみましょう。

葛飾北斎《かつしかほくさい》「神奈川沖浪裏《かながわおきなみうら》」
（富嶽三十六景《ふがくさんじゅうろっけい》より）

木《き》の舟《ふね》と，舟《ふね》に乗《の》っている人《ひと》びと。

こわくて舟《ふね》にしがみついているように見《み》える。

くすんだ色《いろ》の空《そら》。

ポイント
気《き》がついたことをメモしておこう。

写真《しゃしん》のない時代《じだい》に，どうして波《なみ》がくだける瞬間《しゅんかん》を描《えが》けたのだろう。

実際《じっさい》の風景《ふうけい》を見《み》てみたい！

どこから見《み》た風《ふう》景《けい》なんだろう。

富士山《ふじさん》が主役《しゅやく》のはずなのに，なぜ小《ちい》さく描《えが》かれているんだろう。

舟《ふね》に乗《の》っている人《ひと》びとは，どんな人《ひと》なのだろう。

疑問《ぎもん》に思《おも》ったこと

浅間《あさま》さんが書《か》いた
Y《ワイ》チャート

タイトル：葛飾北斎《かつしかほくさい》「神奈川沖浪裏《かながわおきなみうら》」を鑑賞《かんしょう》して

1 「描《えが》かれているもの」「感《かん》じたこと」「疑問《ぎもん》に思《おも》ったこと」の三《みっ》つの視点《してん》を書《か》く。

描《えが》かれているもの

細《こま》かく分《わ》かれた白《しろ》い波《なみ》の先《さき》。

大《おお》きく盛《も》り上《あ》がった波《なみ》。

ものすごい量《りょう》の水《みず》に見《み》える。

奥《おく》に小《ちい》さく描《えが》かれた富士山《ふじさん》。

遠《とお》くで動《うご》かない富士《ふじ》山《さん》に対《たい》して，波《なみ》はこちらにおそいかかってくるようで，はくりょくがある。

富士山《ふじさん》は小《ちい》さくても堂《どう》どうとしていて存在《そんざい》感《かん》がある。

波《なみ》が富士山《ふじさん》をのみこもうとしているみたい。

2 それぞれの視点《してん》をもとに感想《かんそう》や分《わ》かったことをふせんに書《か》き出《だ》し，はりつける。

波《なみ》の青色《あおいろ》がきれい。

いろいろな青色《あおいろ》が使《つか》われている。

舟《ふね》に乗《の》っている人《ひと》はとてもこわいだろうな。

感《かん》じたこと

最初《さいしょ》は「はくりょくがある絵《え》だな。」と思《おも》っただけだったけれど、Y《ワイ》チャートの視点《してん》をもとにじっくり見《み》ていくと、同《おな》じ青色《あおいろ》でも何色《なんしょく》か使《つか》われているなど、細《こま》かい工夫《くふう》に気《き》がついたよ。舟《ふね》に乗《の》っている人《ひと》の気持《きも》ちになってどきどきしたり、どこから見《み》た風景《ふうけい》なのか知《し》りたくなったりした。絵《え》を鑑賞《かんしょう》するって、おもしろいね！

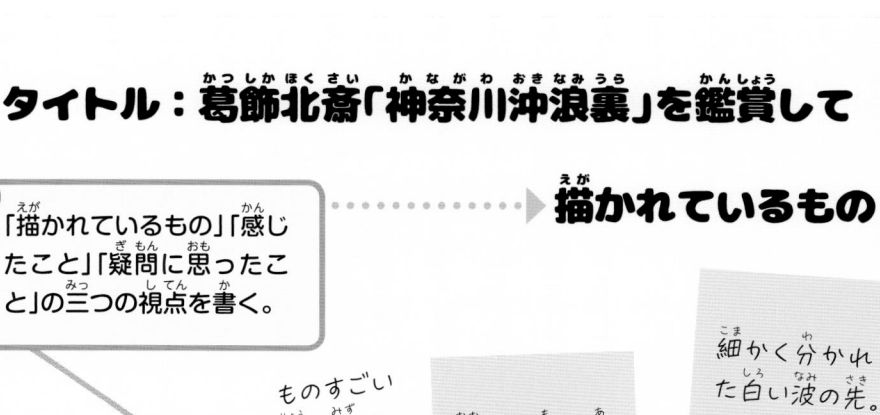

各章《かくしょう》で使《つか》える言葉《ことば》や表現《ひょうげん》

文章《ぶんしょう》を書《か》いたり、話《はな》し合《あ》ったりするときには、どんな言葉《ことば》を使《つか》うか、どんな表現《ひょうげん》をするかが大切《たいせつ》です。ここでは、この本《ほん》であつかっている内容《ないよう》に関《かか》わりの深《ふか》い言葉《ことば》や表現《ひょうげん》をしょうかいします。

① 具体的《ぐたいてき》な事実《じじつ》や考《かんが》えをもとに、提案《ていあん》する文章《ぶんしょう》を書《か》こう

● 事実《じじつ》や意見《いけん》を示《しめ》す言葉《ことば》

きっかけを説明《せつめい》する

- きっかけは――
- ――という経験《けいけん》から
- ――という事例《じれい》から

現状《げんじょう》を示《しめ》す

- ――という状況《じょうきょう》だ
- ――という状態《じょうたい》だ
- ――という事実《じじつ》がある
- 現実《げんじつ》は――
- 今《いま》は――
- 実際《じっさい》には――

例《れい》：「節水《せっすい》は学校《がっこう》で生活《せいかつ》しているみんなが心《こころ》がけるべきことだが、**実際《じっさい》には**、環境《かんきょう》への意識《いしき》が高《たか》い人《ひと》だけが取《と》り組《く》んでいる。」

考《かんが》えを伝《つた》える

- ――だと思《おも》う
- ――だと考《かんが》える
- ――すべきだ
- ――だと確信《かくしん》している
- ――であるはずがない
- ――があってはならない
- ――にちがいない

「――があってはならない」は、強《つよ》くそう考《かんが》えている場合《ばあい》に使《つか》うよ。例《たと》えば、「大切《たいせつ》な資源《しげん》である水《みず》を、むだづかいするようなこと**があってはならない**。」のように言《い》うことができるね。

話題《わだい》を広《ひろ》げる

- さらに――
- ――に加《くわ》えて
- そのうえ――
- しかも――
- それどころか――

推測《すいそく》する

- ――だろう
- ――ではないか
- ――と考《かんが》えられる
- ――だと思《おも》われる
- ――と推測《すいそく》される

例《れい》：「節水《せっすい》に関心《かんしん》がないのは、自分《じぶん》たちの問題《もんだい》として考《かんが》えていないからだ**と推測《すいそく》される**。」

提案《ていあん》する

- ――してはどうだろう
- ――するほうがよい
- ――を提案《ていあん》したい

例《れい》：「私《わたし》たちは、節水《せっすい》ポスターのコンクールを行《おこな》うこと**を提案《ていあん》したい**。」

効果《こうか》を示《しめ》す

- もし〇〇すれば△△という効果《こうか》がある
- 〇〇が実現《じつげん》すれば△△となる
- 〇〇は、××うえで効果的《こうかてき》だ
- 〇〇を始《はじ》めると、××が改善《かいぜん》する

例《れい》：「学校《がっこう》の水《みず》の使用量《しようりょう》を昇降口《しょうこうぐち》に掲示《けいじ》すること**は**、みんなの節水《せっすい》の意識《いしき》を保《たも》つ**うえで効果的《こうかてき》だ**。」

② 目的《もくてき》や条件《じょうけん》に応《おう》じて、計画的《けいかくてき》に話《はな》し合《あ》おう

● 考《かんが》えや意見《いけん》を伝《つた》える言葉《ことば》

理由《りゆう》を示《しめ》す

- その理由《りゆう》は――
- なぜかというと――
- なぜなら
- ――ためである

事例《じれい》を示《しめ》す

- 例《れい》を挙《あ》げると――
- 例《たと》えば――
- 具体的《ぐたいてき》には――
- ――という例《れい》がある
- 一例《いちれい》を挙《あ》げると――

例《れい》：「一《いち》、二年生《にねんせい》も楽《たの》しく遊《あそ》べる遊《あそ》びがよいと思《おも》います。**一例《いちれい》を挙《あ》げると**、だるまさんが転《ころ》んだです。」

条件《じょうけん》を付《つ》ける

- ――という条件《じょうけん》では
- ――という点《てん》では
- もし――なら
- 仮《かり》に――としたら

例《れい》：「だるまさんが転《ころ》んだをしていて、**仮《かり》に**みんながあきてしまった**としたら**――」

比《くら》べる

- ○○と△△を比較《ひかく》すると――
- ○○より△△のほうが――
- ○○は△△以上《いじょう》に××だ
- ○○は△△のように××ではない
- ○○は△△ほど××ではない

「おにごっこ**は**ドッジボール**ほど**危険《きけん》な遊《あそ》び**ではない**。」と言《い》ったときには、おにごっこよりドッジボールのほうが危《あぶ》ないということを示《しめ》しているよ。

③ 伝《つた》えたいことに合《あ》わせた構成《こうせい》を考《かんが》える

● 事物《じぶつ》の様子《ようす》を表《あらわ》す言葉《ことば》

はなやか

- はなばなしい
- きらびやかな
- ごうかな
- はでな

色《いろ》あざやかな

- いろどり豊《ゆた》かな
- いろどりにあふれた
- 色《いろ》とりどりの
- カラフルな

例《れい》：「**いろどり豊《ゆた》かな**花火《はなび》は、日本《にっぽん》の夏《なつ》の風物詩《ふうぶつし》です。」

適《てき》した

- 適切《てきせつ》な
- 合《あ》っている
- ちょうどよい
- ぴったりの
- 持《も》ってこいの

例《れい》：「花火《はなび》には**持《も》ってこいの**、雲一《くもひと》つない夜空《よぞら》。」

すばらしい

- 非常《ひじょう》によい
- すごい
- すてきな
- みりょくてきな
- 見事《みごと》な
- 優《すぐ》れた
- ひいでた
- 得《え》も言《い》われぬ
- 並外《なみはず》れた
- ずばぬけた

「得《え》も言《い》われぬ」は、「ぱっと開《ひら》いてぱっと消《き》える日本《にっぽん》の花火《はなび》は、**得《え》も言《い》われぬ**美《うつく》しさがあるという。」のように、言葉《ことば》では表現《ひょうげん》できないほどすばらしいと伝《つた》えたいときに使《つか》うよ。

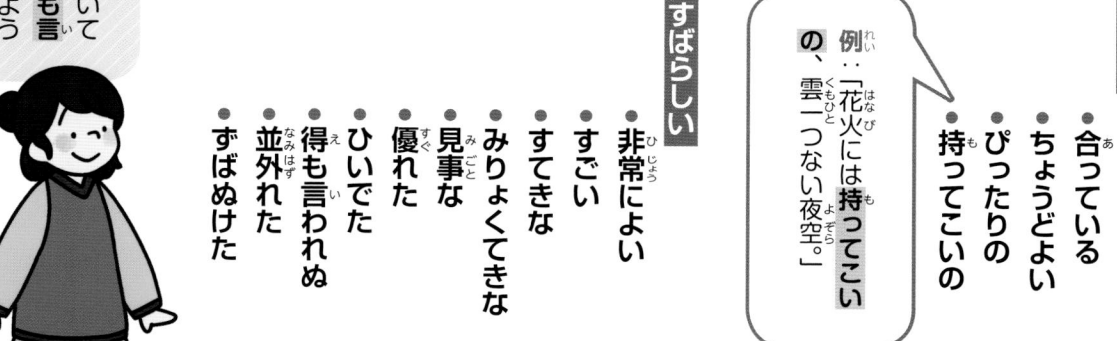

資料《しりょう》

図書館《としょかん》を活用《かつよう》しよう

図書館《としょかん》には、たくさんの本《ほん》や新聞《しんぶん》、CD《シーディー》、DVD《ディーブイディー》などの資料《しりょう》が置《お》いてあります。一般《いっぱん》の書店《しょてん》には置《お》かれていないような古《ふる》い資料《しりょう》や大型《おおがた》の資料《しりょう》、専門的《せんもんてき》な資料《しりょう》などもあり、公立図書館《こうりつとしょかん》であれば無料《むりょう》で利用《りよう》することができます。調《しら》べものをするときに、とても便利《べんり》な施設《しせつ》です。

▼本《ほん》の分類《ぶんるい》を知《し》ろう

多《おお》くの図書館《としょかん》では、日本十進分類法《にほんじっしんぶんるいほう》(NDC《エヌディーシー》)というルールをもとに本《ほん》を分類《ぶんるい》しています。ここでは、そのルールと本《ほん》の背表紙《せびょうし》についているラベルの見方《みかた》をしょうかいします。

本《ほん》のラベルに書《か》かれている内容《ないよう》は、図書館《としょかん》によって異《こと》なるよ。自分《じぶん》がよく利用《りよう》する図書館《としょかん》ではどうか、ウェブサイトなどで確認《かくにん》しよう。

分類記号《ぶんるいきごう》：NDC《エヌディーシー》にもとづいてつけられる。

他《ほか》の段《だん》には，本《ほん》の著者《ちょしゃ》やタイトルの頭文字《かしらもじ》，図書館《としょかん》がその分類記号《ぶんるいきごう》の中《なか》で本《ほん》を受《う》け入《い》れた順番《じゅんばん》，いくつかの巻《かん》に分《わ》かれている本《ほん》のうち，何巻目《なんかんめ》にあたるかなどが書《か》かれている。

分類記号《ぶんるいきごう》のしくみ

1けた目《め》の分類《ぶんるい》

0	1	2	3	4	5	6	7	8	9
総記《そうき》	哲学《てつがく》	歴史《れきし》	社会《しゃかい》	自然科学《しぜんかがく》	工業《こうぎょう》	産業《さんぎょう》	芸術《げいじゅつ》	言葉《ことば》	文学《ぶんがく》

2けた目《め》の分類《ぶんるい》

70 芸術《げいじゅつ》，美術《びじゅつ》								
71 彫刻《ちょうこく》	72 絵画《かいが》、書道《しょどう》	73 版画《はんが》	74 写真《しゃしん》、印刷《いんさつ》	75 工芸《こうげい》	76 音楽《おんがく》、舞踊《ぶよう》	77 劇《げき》	78 スポーツ、体育《たいいく》	79 レクリエーション

3けた目《め》の分類《ぶんるい》

760 音楽全般《おんがくぜんぱん》								
761 音楽《おんがく》の一般理論《いっぱんりろん》、音楽学《おんがくがく》	762 音楽史《おんがくし》、各国《かっこく》の音楽《おんがく》	763 楽器《がっき》、器楽《きがく》	764 器楽合奏《きがくがっそう》	765 宗教音楽《しゅうきょうおんがく》、聖楽《せいがく》	766 劇音楽《げきおんがく》	767 声楽《せいがく》	768 邦楽《ほうがく》	769 舞踊《ぶよう》、バレエ

例《たと》えばピアノについての本《ほん》は……763に分類《ぶんるい》されるってことだね！

本《ほん》の並《なら》び方《かた》のルール

図書館《としょかん》の本《ほん》だなには、分類記号《ぶんるいきごう》の他《ほか》、本《ほん》のタイトルや著者名《ちょしゃめい》などをもとに本《ほん》が並《なら》べられています。

分類《ぶんるい》ごとに整理《せいり》されて本《ほん》だなに並《なら》べられているから、目的《もくてき》の本《ほん》の近《ちか》くで、その本《ほん》と関《かん》係《けい》の深《ふか》い本《ほん》が見《み》つかることもあるよ。
分類記号《ぶんるいきごう》にしたがって，左《ひだり》から右《みぎ》，上《うえ》から下《した》へ並《なら》んでいる。
大《おお》きな本《ほん》は，いちばん下《した》の段《だん》に置《お》かれていることが多《おお》い。

検索《けんさく》システムを使《つか》おう

図書館《としょかん》にある、検索《けんさく》システムを使《つか》ってみましょう。本《ほん》のタイトルや著者名《ちょしゃめい》、キーワードから、本《ほん》を探《さが》すことができます。

〈検索画面《けんさくがめん》の例《れい》〉

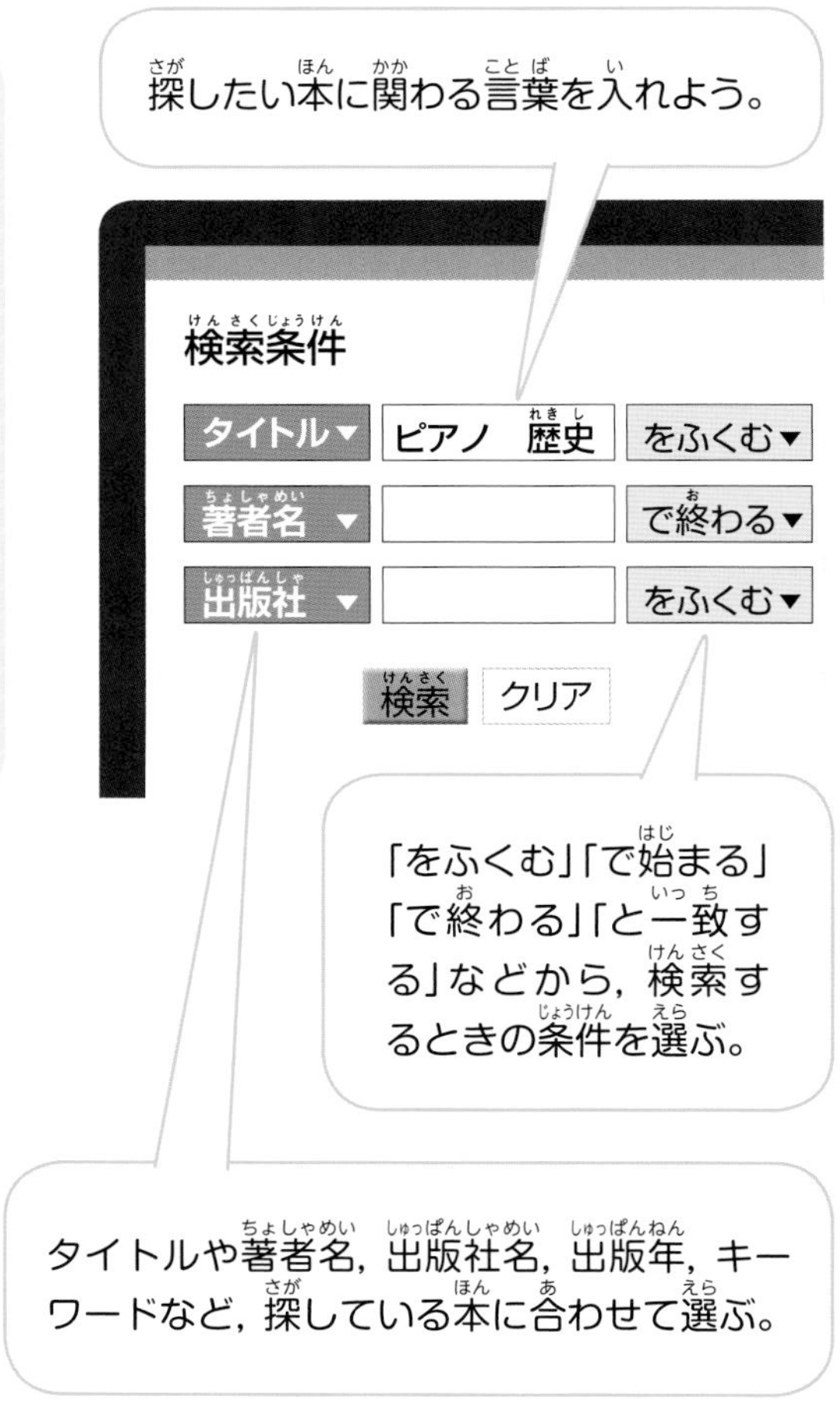
探《さが》したい本《ほん》に関《かか》わる言葉《ことば》を入《い》れよう。
検索条件《けんさくじょうけん》
タイトル
ピアノ　歴史《れきし》
をふくむ
著者名《ちょしゃめい》
で終《お》わる
出版社《しゅっぱんしゃ》
をふくむ
検索《けんさく》
クリア
「をふくむ」「で始《はじ》まる」「で終《お》わる」「と一致《いっち》する」などから，検索《けんさく》するときの条件《じょうけん》を選《えら》ぶ。
タイトルや著者名《ちょしゃめい》，出版社名《しゅっぱんしゃめい》，出版年《しゅっぱんねん》，キーワードなど，探《さが》している本《ほん》に合《あ》わせて選《えら》ぶ。

多《おお》くの公立図書館《こうりつとしょかん》では、インターネットで蔵書《ぞうしょ》(図書館《としょかん》が所有《しょゆう》している本《ほん》)を検索《けんさく》できるようにしているよ。また、各都道府県内《かくとどうふけんない》の複数《ふくすう》の公立図書館《こうりつとしょかん》の蔵書《ぞうしょ》を、一度《いちど》に検索《けんさく》できるウェブサイトもあるので、活用《かつよう》しよう！

レファレンスサービスを利用《りよう》しよう

図書館《としょかん》には、調《しら》べものを手伝《てつだ》う「レファレンスサービス」という仕事《しごと》をしている人《ひと》がいます。資料《しりょう》を探《さが》していて困《こま》ったことがあったら、たずねてみましょう。そのときは、どんなことを調《しら》べたいのか、どんなことで困《こま》っているのかを具体的《ぐたいてき》に伝《つた》えるようにしましょう。

資料《しりょう》

インターネットを活用《かつよう》しよう

インターネットを使《つか》えば、世界中《せかいじゅう》の情報《じょうほう》を知《し》ることができます。新《あたら》しい情報《じょうほう》が次《つぎ》つぎに発信《はっしん》され、写真《しゃしん》や動画《どうが》など、文字以外《もじいがい》の情報《じょうほう》もたくさんあります。ただしインターネットには、まちがっていたり、古《ふる》かったりする情報《じょうほう》もあるため、注意《ちゅうい》が必要《ひつよう》です。

▼検索機能《けんさくきのう》を使《つか》おう

調《しら》べたいことがあるときには、検索機能《けんさくきのう》を使《つか》いましょう。キーワードを増《ふ》やすことで、検索結果《けんさくけっか》をしぼりこんだり増《ふ》やしたりすることができます。

固有種《こゆうしゅ》 ［検索《けんさく》］

検索結果《けんさくけっか》が多《おお》いときは……

検索結果《けんさくけっか》が少《すく》ないときは……

● AND検索《アンドけんさく》

固有種《こゆうしゅ》 植物《しょくぶつ》 ［検索《けんさく》］

キーワードを空白《くうはく》で区切《くぎ》って，二《ふた》つ以上《いじょう》入《い》れる。すべてのキーワードをふくむウェブサイトにしぼられる。

● マイナス検索《けんさく》

固有種《こゆうしゅ》 −動物《どうぶつ》 ［検索《けんさく》］

半角《はんかく》のマイナス(−)をキーワードの前《まえ》に入力《にゅうりょく》すると，そのキーワードをふくまないウェブサイトのみ表示《ひょうじ》される。

● OR検索《オアけんさく》

固有種《こゆうしゅ》 OR《オア》 天然記念物《てんねんきねんぶつ》 ［検索《けんさく》］

二《ふた》つ以上《いじょう》のキーワードの間《あいだ》にOR《オア》を入《い》れる。キーワードのうち，少《すく》なくともどれか一《ひと》つがふくまれているウェブサイトが表示《ひょうじ》される。

▼利用《りよう》するときのルール

だれもが気軽《きがる》に情報《じょうほう》を発信《はっしん》することができるインターネット上《じょう》には、根拠《こんきょ》がはっきりしない情報《じょうほう》や、まちがった情報《じょうほう》も多《おお》く見《み》られます。インターネット上《じょう》の情報《じょうほう》を利用《りよう》するときには、その情報《じょうほう》を信頼《しんらい》してもいいのか、自分《じぶん》で調《しら》べ、見極《みきわ》めることが必要《ひつよう》です。

- **だれが、いつ発信《はっしん》した情報《じょうほう》なのかを確《たし》かめる。**
- **国《くに》や地方自治体《ちほうじちたい》、報道機関《ほうどうきかん》など、信頼《しんらい》できる機関《きかん》や団体《だんたい》が出《だ》している情報《じょうほう》を選《えら》ぶ。**
- **一《ひと》つだけではなく、複数《ふくすう》のウェブサイトを見《み》たり、本《ほん》など他《ほか》の資料《しりょう》も調《しら》べたりして、信頼《しんらい》できる情報《じょうほう》か確《たし》かめる。**
- **インターネット上《じょう》の文章《ぶんしょう》や画像《がぞう》、動画《どうが》を利用《りよう》するときは、自由《じゆう》な利用《りよう》が許可《きょか》されているかどうか確認《かくにん》する。文章《ぶんしょう》に引用《いんよう》するなど、利用《りよう》したときはウェブサイトのタイトルとURL《ユーアールエル》を示《しめ》す。**

ウェブサイトの情報《じょうほう》をすぐに信《しん》じず、それが本当《ほんとう》かどうか、さらに調《しら》べることが大切《たいせつ》なんだね。

▼電《でん》子《し》メールで問《と》い合《あ》わせよう

インターネットを通《つう》じて企業《きぎょう》や団体《だんたい》などへ問《と》い合《あ》わせたいときには、電子《でんし》メールや、ウェブサイトにある「問《と》い合《あ》わせフォーム」を使《つか》います。

〈電子《でんし》メールでの問《と》い合《あ》わせの例《れい》〉

ポイント

内容《ないよう》がすぐ分《わ》かるような件名《けんめい》をつける。

宛先《あてさき》：abcde@▲mail.com

用件《ようけん》（発信者名《はっしんしゃめい》）

件名《けんめい》：節水《せっすい》に関《かか》わる〇△市《し》の取《と》り組《く》みについての問《と》い合《あ》わせ
（〇△小学校《しょうがっこう》 大宮《おおみや》ひとし）

件名《けんめい》に学校名《がっこうめい》と名前《なまえ》を書《か》く。

相手《あいて》の所属《しょぞく》や名前《なまえ》

〇△市役所《しやくしょ》 上下水道課《じょうげすいどうか》
ご担当者様《たんとうしゃさま》

名前《なまえ》が分《わ》からないときは「ご担当者様《たんとうしゃさま》」とする。

あいさつ，自己《じこ》しょうかい

初《はじ》めてメールをさしあげます。
〇△小学校《しょうがっこう》６年《ねん》１組《くみ》の大宮《おおみや》ひとしと申《もう》します。

連絡《れんらく》した目的《もくてき》，内容《ないよう》

今《いま》，私《わたし》たちのクラスでは，資源《しげん》や環境《かんきょう》を守《まも》るために，自分《じぶん》たちにもできることについて調《しら》べています。つきましては，以下《いか》の質問《しつもん》に６月１日《がついたち》(水《すい》)までに回答《かいとう》していただけないでしょうか。

いつまでに回答《かいとう》してほしいか，はっきり書《か》く。

1．〇△市《し》では，水不足《みずぶそく》を防《ふせ》ぐために，
どのような取《と》り組《く》みをしていますか。

2．〇△市《し》では，市民《しみん》に対《たい》してどのように節水《せっすい》を呼《よ》びかけていますか。
具体的《ぐたいてき》な取《と》り組《く》みがあれば教《おし》えてください。

相手《あいて》が回答《かいとう》しやすいように，聞《き》きたいことは短《みじか》く，分《わ》かりやすくまとめる。

⋮

⋮

終《お》わりのあいさつ

おいそがしいところ申《もう》し訳《わけ》ありませんが，
ご協力《きょうりょく》いただけますとありがたいです。
どうぞよろしくお願《ねが》いいたします。

自分《じぶん》の連絡先《れんらくさき》

〇△小学校《しょうがっこう》　大宮《おおみや》ひとし
電話《でんわ》：△△－△△△△－△△△△
メール：xyz@■mail.com

資料《しりょう》

文《ぶん》章《しょう》の書《か》き方《かた》の基《き》本《ほん》

文章《ぶんしょう》には、いくつもの書《か》き方《かた》があります。ここでは、二《ふた》つの文章《ぶんしょう》の書《か》き方《かた》と、文章《ぶんしょう》を書《か》くときに気《き》をつけることをしょうかいします。

▼「初《はじ》め」「中《なか》」「終《お》わり」のある文章《ぶんしょう》

文章《ぶんしょう》を「初《はじ》め」「中《なか》」「終《お》わり」の三《みっ》つのまとまりに分《わ》ける書《か》き方《かた》です。意見《いけん》や考《かんが》えを伝《つた》えるときによく使《つか》います。

タイトル　ひと目《め》で文章《ぶんしょう》の内容《ないよう》が分《わ》かるものにする。

初《はじ》め　文章《ぶんしょう》の中心《ちゅうしん》となる自分《じぶん》の意見《いけん》や考《かんが》え，話題《わだい》を短《みじか》くまとめる。

中《なか》　意見《いけん》や考《かんが》え，取《と》り上《あ》げる物事《ものごと》について，具体的《ぐたいてき》な理由《りゆう》や事例《じれい》を挙《あ》げ，くわしく説明《せつめい》する。

終《お》わり　文章《ぶんしょう》のまとめにあたる。自分《じぶん》の意見《いけん》や考《かんが》えをもう一度《いちど》書《か》いたり，学習《がくしゅう》を通《つう》じて考《かんが》えたことを書《か》いたりする。

私《わたし》が大切《たいせつ》にしたい言葉《ことば》

六年二組《ろくねんにくみ》　浅間《あさま》みゆ

私《わたし》が座右《ざゆう》の銘《めい》にしたい言葉《ことば》は、「継続《けいぞく》は力《ちから》なり」だ。これは私《わたし》が五年生《ごねんせい》のとき、通《かよ》っているサッカークラブのコーチに教《おし》えてもらった言葉《ことば》だ。

私《わたし》がこの言葉《ことば》を選《えら》んだのは、思《おも》い通《どお》りにいかないことがあってもあきらめず、地道《じみち》な努力《どりょく》を続《つづ》ける人《ひと》でありたいからだ。五年生《ごねんせい》の夏《なつ》、私《わたし》は二年生《にねんせい》から続《つづ》けていたサッカーをやめようと考《かんが》えていた。毎日必死《まいにちひっし》に練習《れんしゅう》しても試合《しあい》でかつやくできず、レギュラーから外《はず》されてしまったからだ。「こんなにがんばっているのに、どうしてだろう。私《わたし》はサッカーには向《む》いていないのかな。」と思《おも》うようになり、練習《れんしゅう》するのがつらくなっていたのだ。

そして、コーチにサッカーをやめたいと伝《つた》えたとき、教《おし》えてもらったのが「継続《けいぞく》は力《ちから》なり」という

これからも、努力《どりょく》しても思《おも》い通《どお》りにいかないことはたくさんあると思《おも》う。そんなとき、私《わたし》は「継《けい》続《ぞく》は力《ちから》なり」という座右《ざゆう》の銘《めい》と、あきらめずにサッカーを続《つづ》けて再《ふたた》びレギュラーになれたときの喜《よろこ》びを思《おも》い出《だ》し、自分《じぶん》を勇気《ゆうき》づけたい。

文章《ぶんしょう》を書《か》くときのチェックポイント

- ☑ 漢字《かんじ》や送《おく》り仮名《がな》のまちがいはないか。
- ☑ 言葉《ことば》の使《つか》い方《かた》や表現《ひょうげん》のまちがいはないか。
- ☑ 主語《しゅご》と述語《じゅつご》が対応《たいおう》しているか。
- ☑ 段落《だんらく》を正《ただ》しく分《わ》けているか。
- ☑ 1文《ぶん》が長過《ながす》ぎないか。
- ☑ 事実《じじつ》と考《かんが》えをしっかり分《わ》けているか。

▼見出《み だ》しをつけた文章《ぶんしょう》

文章《ぶんしょう》をいくつかのまとまりに分《わ》け、まとまりごとにその内容《ないよう》を表《あらわ》す「見《み》出《だ》し」をつける書《か》き方《かた》です。調《しら》べたことを報告《ほうこく》するときによく使《つか》います。

水《みず》のむだづかいをなくして，限《かぎ》りある資源《しげん》を大切《たいせつ》にする○△小学校《しょうがっこう》へ

6年《ねん》1組《くみ》　大宮《おおみや》，北野《きたの》，森下《もりした》，山田《やまだ》

1　提案《ていあん》のきっかけ

私《わたし》たちは，学校生活《がっこうせいかつ》の中《なか》でたくさんの水《みず》を使《つか》っている。あらためて考《かんが》えてみると，調《ちょう》理実習《りじっしゅう》で水《みず》を流《なが》しっぱなしにして食器《しょっき》を洗《あら》ったり，手洗《てあら》い場《ば》で水《みず》を流《なが》したままにして友達《ともだち》としゃべったり，あまり意識《いしき》せずに水《みず》をむだづかいしてしまっていることに気《き》がついた。

環境委員《かんきょういいん》の春野《はるの》さんからは，1人《ひとり》1人《ひとり》の水《みず》のむだづかいが積《つ》み重《かさ》なると，学校全体《がっこうぜんたい》でむだにする水《みず》はぼうだいな量《りょう》になるという話《はなし》があった。また，△□市水道局《しすいどうきょく》のウェブサイトには，「地球上《ちきゅうじょう》にある水《みず》のうち，私《わたし》たちが飲《の》み水《みず》に利用《りよう》できる水《みず》は約《やく》0.01%《パーセント》しかない。自然《しぜん》の力《ちから》や浄水場《じょうすいじょう》などで水《みず》をきれいにするにも，限界《げんかい》がある。」と書《か》いてあった。

大切《たいせつ》な水《みず》をむだづかいしてしまう原因《げんいん》は，自分《じぶん》たちが大量《たいりょう》の水《みず》を使《つか》っていることを知《し》らない，また，水《みず》が大切《たいせつ》なものだという意識《いしき》がないことだと考《かんが》えられる。

そこで私《わたし》たちのグループでは，○△小学校《しょうがっこう》で節水《せっすい》に取《と》り組《く》むために，以下《いか》の2点《てん》を提案《ていあん》する。

2　提案《ていあん》

(1) 節水《せっすい》をテーマにしたポスターのコンクールを行《おこな》う

全校《ぜんこう》に向《む》けて節水《せっすい》をテーマにしたポスターを募集《ぼしゅう》し，コンクールを行《おこな》うことを提《てい》案《あん》する。

これは，○△小学校《しょうがっこう》のみんなに節水《せっすい》に興味《きょうみ》をもってもらい，むだづかいの現状《げんじょう》や，水《みず》が大切《たいせつ》な資源《しげん》であることを知《し》ってもらうためだ。

3　まとめ

地球上《ちきゅうじょう》にある水《みず》のうち，私《わたし》たちが生活《せいかつ》に使《つか》うことのできる水《みず》は限《かぎ》られている。この限《かぎ》られた水《みず》という資源《しげん》を，大切《たいせつ》に使《つか》う努力《どりょく》が必要《ひつよう》だ。

○△小学校《しょうがっこう》で節水《せっすい》の取《と》り組《く》みを進《すす》めるため，みなさんには私《わたし》たちが提案《ていあん》した「節水《せっすい》をテーマにしたポスターのコンクールを行《おこな》う」「水《みず》の使用量《しようりょう》を掲示《けいじ》する」という2点《てん》の実《じつ》現《げん》に力《ちから》を貸《か》してほしい。

〈出典《しゅってん》〉・△□市水道局《しすいどうきょく》「私《わたし》たちのくらしと水《みず》」(https://www.---)　見た日：6月19日

引用《いんよう》

- かぎかっこ「　」に入《い》れて自分《じぶん》の文章《ぶんしょう》と区別《くべつ》する。
- 最後《さいご》に出典《しゅってん》として著者名《ちょしゃめい》やウェブサイト名《めい》などを示《しめ》す。
- もとの文章《ぶんしょう》をそのまま書《か》き写《うつ》す。

見出《みだ》し

そのまとまりの内容《ないよう》が，ひと目《め》で分《わ》かるようにしよう。必要《ひつよう》があれば，見出《みだ》しでまとめた内容《ないよう》をさらに細《こま》かく分《わ》け，それぞれに小見《こみ》出《だ》しをつけたり，箇条《かじょう》書《が》きにしたりする。小見出《こみだ》しには数字《すうじ》や記号《きごう》を使《つか》って，まとまりどうしの区別《くべつ》がつくようにしよう。

例《れい》

(1)　①　1-1　・
(2)　②　1-2　・
(3)　③　1-3　・

友達《ともだち》に読《よ》んでもらう

感想《かんそう》やアドバイスをもらおう。

出典《しゅってん》・参考資料《さんこうしりょう》

文章《ぶんしょう》を引用《いんよう》したり，統計資料《とうけいしりょう》を使《つか》ったりしたときには，文章《ぶんしょう》の最後《さいご》に必《かなら》ず参考《さんこう》にした資料《しりょう》をのせる。

本《ほん》の場合《ばあい》：著者名《ちょしゃめい》「本《ほん》のタイトル」出版社名《しゅっぱんしゃめい》 出版年《しゅっぱんねん》

インターネットの場合《ばあい》：ページの作成者《さくせいしゃ》「ウェブサイト名《めい》」(URL《ユーアールエル》)見《み》た日《ひ》

た 行《ぎょう》

な 行《ぎょう》

は 行《ぎょう》

ま 行《ぎょう》

や 行《ぎょう》・ら 行《ぎょう》・わ 行《ぎょう》

主要参考資料《しゅようさんこうしりょう》

『情報活用　調べて，考えて，発信する　①文化や歴史　やってみよう！　6テーマ』(光村教育図書)，『情報活用　調べて，考えて，発信する　②社会や暮らし　やってみよう！　6テーマ』(光村教育図書)，『職人の技が光る 花火の大図鑑 種類、作り方から歴史まで』(PHP研究所)，『シンキングツール®～考えることを教えたい～』(NPO法人学習創造フォーラム)，『学び力アップ道場② 情報を整理する 新聞術』(フレーベル館)，『みんなが書ける！あつめて、まとめて、書く技術　②手紙を書く　報告文を書く　新聞を作る　物語を書く』(光村教育図書)

「国立国会図書館 キッズページ しらべてみよう！」(https://www.kodomo.go.jp/kids/research/index.html)，「しまった！～情報活用スキルアップ～」(NHK) (https://www.nhk.or.jp/school/sougou/shimatta/)，「小学校　国語　教材別資料一覧」(光村図書) (https://www.mitsumura-tosho.co.jp/kyokasho/s_kokugo/)，「東京都水道局ホームページ」(https://www.waterworks.metro.tokyo.lg.jp)，「花火入門」(公益社団法人 日本煙火協会) (http://www.hanabi-jpa.jp/data/booklet.html)，「令和2年版　日本の水資源の現況」(国土交通省) (https://www.mlit.go.jp/mizukokudo/mizsei/mizukokudo_mizsei_tk2_000028.html)

索《さく》 引《いん》

ここでは，この本《ほん》に出《で》てくる重要《じゅうよう》な言葉《ことば》をアルファベット，五十音順《ごじゅうおんじゅん》にならべ，その内容《ないよう》が出《で》ているページをのせています。

アルファベット

あ 行《ぎょう》

か 行《ぎょう》

さ 行《ぎょう》

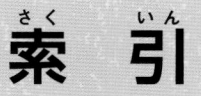

監修
髙木まさき（たかぎまさき）

横浜国立大学教授。専門は国語教育学。著書に『「他者」を発見する国語の授業』（大修館書店），『情報リテラシー　言葉に立ち止まる国語の授業』（編著　明治図書出版），『国語科における言語活動の授業づくり入門』（教育開発研究所）などがある。

編集
青山由紀（あおやまゆき）

筑波大学附属小学校教諭。著書に『青山由紀の授業　「くちばし」「じどう車くらべ」「どうぶつの赤ちゃん」全時間・全板書』，『「かかわり言葉」でつなぐ学級づくり』（ともに東洋館出版社），『こくごの図鑑』（小学館），『古典が好きになる－まんがで見る青山由紀の授業アイデア10』（光村図書出版）などがある。

松永立志（まつながたてし）

前鎌倉女子大学准教授。横浜市教育委員会学校教育部長，横浜市立小学校長として勤務。小学校学習指導要領解説国語編（平成11年，20年）作成協力者を務める。著書に『国語科実践事例集1年2年』（編著　小学館），『発問付でよくわかる！ 教材別板書アイディア53』（編著　明治図書出版）などがある。

協力	一般社団法人 日本煙火芸術協会 （p40～49）
装丁・デザイン	Zapp! （高橋里佳　桑原菜月）
表紙イラスト	尾田瑞季
本文イラスト	有田ようこ たけだあおい ニシハマカオリ
写真提供	小野里公成（p48～49）
資料提供	株式会社 朝日新聞社 （p23）
校正	村井みちよ
執筆協力	大沢康史 橋谷勝博
編集協力	株式会社 童夢

光村の国語　広げる，まとめる，思考ツール❸
アイデア，考え，図で整理　6年

2021年3月22日　第1刷発行

監　修　髙木まさき
編　集　青山由紀　松永立志
発行者　安藤雅之
発行所　光村教育図書株式会社
〒141-0031　東京都品川区西五反田2-27-4
TEL 03-3779-0581（代表）　FAX 03-3779-0266
https://www.mitsumura-kyouiku.co.jp/
印　刷　株式会社 精興社
製　本　株式会社 ブックアート

ISBN978-4-89572-993-2　C8037　NDC375
64p　27×22cm

Published by Mitsumura Educational Co., Ltd. Tokyo, Japan